Redação acadêmica

SÉRIE POR DENTRO DO TEXTO

Daniela Duarte Ilhesca
Débora Mutter da Silva
Mozara Rossetto da Silva

Redação acadêmica

Rua Clara Vendramin, 58 . Mossunguê
CEP 81200-170 . Curitiba . PR . Brasil
Fone: (41) 2106-4170
www.intersaberes.com
editora@editoraintersaberes.com.br

Conselho editorial
Dr. Ivo José Both (presidente)
Drª. Elena Godoy
Dr. Nelson Luís Dias
Dr. Neri dos Santos
Dr. Ulf Gregor Baranow

Editora-chefe
Lindsay Azambuja

Supervisora editorial
Ariadne Nunes Wenger

Analista editorial
Ariel Martins

Projeto gráfico
Raphael Bernadelli

Capa
Clarissa Martinez Menini

Fotografia da capa
PantherMedia

1ª edição, 2013.
Foi feito o depósito legal.

Informamos que é de inteira responsabilidade das autoras a emissão de conceitos.

Nenhuma parte desta publicação poderá ser reproduzida por qualquer meio ou forma sem a prévia autorização da Editora InterSaberes.

A violação dos direitos autorais é crime estabelecido na Lei nº 9.610/1998 e punido pelo art. 184 do Código Penal.

Dados Internacionais de Catalogação na Publicação (CIP)
(Câmara Brasileira do Livro, SP, Brasil)

Ilhesca, Daniela Duarte
  Redação acadêmica/Daniela Duarte Ilhesca, Débora Mutter da Silva, Mozara Rossetto da Silva. – Curitiba: InterSaberes, 2013. – (Série Por Dentro do Texto).

  Bibliografia.
  ISBN 978-85-8212-580-9

  1. Pesquisa – Metodologia 2. Redação acadêmica 3. Trabalhos científicos – Metodologia 4. Trabalhos científicos – Normas I. Silva, Débora Mutter da. II. Silva, Mozara Rossetto da. III. Título. IV. Série.

12-10007   CDD-808.066

Índices para catálogo sistemático:
  1. Trabalhos acadêmicos: Metodologia: Retórica 808.066

Sumário

Apresentação, VII

(1) Leitura e escrita, 11
    1.1   A leitura e o homem, 14

(2) Tipologia textual, 27

(3) O parágrafo-padrão, 45

(4) Desempenho linguístico I, 63
    4.1   Qualidades do estilo, 66

(5) Argumentação, 79

(6) Desempenho linguístico II, 93
    6.1 Coesão por retomada, 98
    6.2 Coesão por encadeamento de segmentos textuais, 103

(7) Resumo e resenha, 113
    7.1 O ato de resumir, 116
    7.2 O ato de resenhar, 121

(8) Artigo e ensaio, 129
    8.1 Artigo científico, 133
    8.2 Ensaio, 139

(9) Relatório, 143

(10) Monografia, 155
    10.1 Elementos obrigatórios, 159
    10.2 Elementos opcionais, 160
    10.3 Elementos pré-textuais, 161
    10.4 Elementos textuais, 164
    10.5 Elementos pós-textuais, 166

Referências, 171

Gabarito, 177

Apresentação

O livro *Redação acadêmica* vem ao encontro de uma necessidade sentida e vivida por muitas pessoas preocupadas em organizar seus conhecimentos e suas ideias e em dar credibilidade a seus pontos de vista sobre determinado tema.

Sabemos que não basta possuir grande quantidade de conhecimento se não se pode expressá-lo com clareza, objetividade e concisão, qualidades que podem contribuir para persuadir o leitor.

É senso comum que o bom texto é aquele que desperta

fome de ler e que a leitura prazerosa é aquela que detém características como leveza de expressão, riqueza de imagens produzidas pela adequação dos vocábulos usados e dos fatos narrados, definição de contrastes, comparações apropriadas, ousadia argumentativa, laconismo e/ou ingenuidade convincentes, entre outras.

Essas e outras reflexões foram o fio norteador e motivacional para a elaboração desta obra, que, em seu primeiro capítulo, aborda questões sobre a LEITURA e a ESCRITA, mostrando a íntima relação que existe entre o ser humano, a leitura e a escrita, os seus diferentes conceitos e, ainda, as etapas de leitura necessárias à realização da escrita acadêmica.

A TIPOLOGIA TEXTUAL, tema do segundo capítulo, traz uma concepção prática sobre análise de diferentes textos, à luz de determinadas funções (científicas, técnicas, ideológicas, oficiais, cotidianas), demonstrando que a leitura crítica de um texto remete não somente à visualização da realidade particular de alguém, mas, sobretudo, à explicitação de padrões que regem condutas e comportamentos socioculturais.

O estudo contido no terceiro capítulo, que trata sobre O PARÁGRAFO-PADRÃO, focaliza a importância de definir o assunto e delimitá-lo coerentemente com um objetivo definido, para que se possa obter êxito na formulação textual. Outra preocupação se refere às partes do parágrafo-padrão e à estrutura dissertativa (tópico frasal, desenvolvimento e conclusão). O capítulo é finalizado com a identificação das qualidades indispensáveis de um parágrafo-padrão (criticidade, clareza de ideias, unidade, coerência e organização dos parágrafos).

No quarto capítulo, que tem como tema o DESEMPENHO LINGUÍSTICO, é apresentada uma abordagem conceitual sobre unidade, harmonia, clareza, concisão, coerência e correção gramatical, destacando-se a importância e o significado de cada um desses itens na elaboração de um texto, com esclarecimentos por meio de exemplos concretos.

ARGUMENTAÇÃO é o tema do quinto capítulo. Nele, o leitor encontrará um percurso expositivo que visa ajudá-lo a compreender os aspectos argumentativos de um texto dissertativo, já que essa é a modalidade exigida em redações acadêmicas, e é por meio dela que a sociedade conhece o resultado de pesquisas realizadas, de posições teóricas adotadas e de convicções de ideias defendidas. A caracterização de tipos e a natureza dos argumentos associados ao domínio do assunto, também contidos nesse capítulo, demonstram a importância e a validade imposta pela unidade coerente que se estabelece entre conhecimento técnico e linguística textual.

O sexto capítulo, que volta a tratar de DESEMPENHO LINGUÍSTICO, detém-se em aspectos necessários à elaboração de um texto: ordenação e relação entre suas partes, tendo como pressuposto o sistema linguístico vigente e a transmissão da coerência que o autor deseja demonstrar. O capítulo orienta, ainda, sobre como alcançar uma ordenação pela coesão, por meio do uso apropriado de artigos, pronomes, adjetivos, determinados advérbios e expressões adverbiais, conjunções e numerais, pois estes funcionam ora como anafóricos, retomando e/ou referindo-se a termos ou a partes já citadas, ora como articuladores, capazes de fazer conexões e/ou transmitir sentidos distintos.

As características e as técnicas de elaboração de RESUMO e de RESENHA são o foco do desenvolvimento do sétimo capítulo: o resumo por ser a base elementar para várias formulações e finalidades que auxiliam a organizar o novo conhecimento (resumo indicativo, resumo informativo);

a resenha (espécie de resumo) por ser de natureza avaliativa e ter como objetivo vincular a opinião de quem a elabora.

Aspectos importantes sobre características, formas e estruturas de ARTIGOS e ENSAIOS são abordados no oitavo capítulo, com o objetivo de oferecer uma orientação segura quanto ao parágrafo-padrão, ao desempenho linguístico, à coesão, à coerência e às técnicas de leitura – capazes de subsidiar a revisão bibliográfica e o resumo –, tão necessários à elaboração dessas modalidades textuais.

O penúltimo capítulo trata do RELATÓRIO e destaca a importância de se conhecer e dominar a estrutura deste, bem como seus conceitos e seus tipos, de acordo com a área e a finalidade a que se destina. Chamamos a atenção para sua elaboração redacional, que deve embasar-se na clareza e na objetividade, para melhor garantir os objetivos a que se propõe.

A MONOGRAFIA, temática do décimo capítulo, abrange conceitos e estruturas dessa modalidade textual, sua forma redacional (precisão e clareza), sua submissão às normas da Associação Brasileira de Normas Técnicas (ABNT), bem como a obrigatoriedade de ser redigida sob a ética do texto dissertativo, para que possa se tornar uma leitura prazerosa.

Boa leitura.

Santa Inês Pavinato Caetano

(1)

Leitura e escrita

Daniela Duarte Ilhesca é mestre em Educação pela Universidade Luterana do Brasil (Ulbra).

Débora Mutter da Silva é mestre em Literatura Comparada e doutora em Literatura Brasileira pela Universidade Federal do Rio Grande do Sul (UFRGS).

Daniela Duarte Ilhesca
Débora Mutter da Silva

O título deste capítulo vincula as duas ações fundamentais e, ao mesmo tempo, complementares para qualquer tipo de estudo. Por isso, vamos apresentar, ainda que de forma panorâmica, um percurso que visa mostrar a importância da leitura para a redação acadêmica.

(1.1)

A leitura e o homem

A leitura e a escrita irmanam-se e complementam-se mutuamente, sendo impossível pensá-las fora dessa correlação. A presença de ambas é tão indispensável na realidade do homem contemporâneo que se torna difícil imaginar como seria o mundo sem a escrita e, portanto, sem a leitura.

Nas ações mais banais e cotidianas, as informações chegam pelo código verbal escrito: sinais de trânsito, placas indicativas, *outdoors* etc. Ao investigar as origens dessa ferramenta indispensável à comunicação humana, abre-se um amplo leque de constatações, cujas únicas provas são os próprios escritos.

Embora as dificuldades atuais na relação do homem com os hábitos de ler sejam muito debatidas em âmbito acadêmico e pedagógico, a verdade é que ele não vive sem a leitura. No mínimo, vive em condições desvantajosas, pois, além de ser de vital importância para o aprimoramento intelectual e como aquisição de conhecimento, a leitura é uma grande fonte de lazer.

Ademais, a própria tecnologia contribui para essa valorização da leitura, pois a internet proporciona, cada vez mais e de forma mais sistematizada, tudo isso por meio da leitura virtual. Fica evidente que a leitura é a forma privilegiada de transmissão de informação, de entretenimento e de cultura desde os tempos mais remotos, mas, em especial, na era tecnológica.

Um apanhado histórico e panorâmico sobre as questões da leitura exige enumerar previamente tópicos importantes, como origens e finalidades históricas da escrita, sua importância para a vida em sociedade e suas técnicas de domínio.

Origens

As civilizações ágrafas, ou seja, aquelas que ainda não dispunham da escrita, deixaram seus registros no plano dos objetos e das manifestações artísticas, que hoje são vistas pelos arqueólogos com esta dupla finalidade: representação e informação. As experiências dos homens das cavernas, por exemplo, estão fixadas no corpo da pedra pelo que hoje denominamos *arte rupestre*. Eles desenhavam, na rocha das cavernas, figuras que são o conjunto de seus hábitos e suas práticas, mas essa arte também tinha a finalidade de documentar, descrever e narrar a vida daquelas comunidades. Essas finalidades mostram a intrínseca necessidade humana de eternizar seus feitos, suas experiências, suas descobertas e sua história.

Contudo, foi na passagem do mundo mítico para uma visão filosófica e depois histórica e científica que surgiu a maior necessidade de registro para a posteridade. Os atos e as histórias dos povos deveriam ser fixados no verbo, isto é, na palavra escrita.

A partir daí, o surgimento da escrita gerou uma mudança de paradigmas, conceitos e finalidades. Escrever tornou-se um ato teleológico, ou seja, escreve-se para alguém e com alguma finalidade.

Vamos agora conhecer alguns conceitos de leitura ao longo da história.

De acordo com Chartier (1999), antigamente a leitura não existia separada do som da voz. Leitura e audição eram ações conjugadas, pois aquela significava a pronúncia, em voz alta, das letras escritas no papel. De certa forma, o leitor era também autor, pois assimilava o conteúdo da leitura primeiro e, depois, dava-lhe corpo com sua própria voz.

Inicialmente, a leitura era entendida como uma mera decodificação de símbolos, como vemos no conceito de Chartier. Com o passar do tempo, a complexidade do conceito foi aumentando ao incorporar sentidos e finalidades mais densos ao ato de ler, como podemos perceber pela citação de Freire (1986, p. 113):

> *a leitura do mundo precede a leitura da palavra, daí que a posterior leitura desta não possa prescindir da continuidade da leitura daquele. Linguagem e realidade se prendem dinamicamente. A compreensão do texto a ser alcançada por sua leitura crítica implica a percepção das relações entre o texto e o contexto.*

De uma perspectiva mais literária, a leitura é um ato de abertura para o mundo. A cada mergulho nas camadas simbólicas dos livros, emergimos com uma visão mais clara sobre o universo interior e exterior, a partir da abstração. É o que verificamos no conceito apresentado por Resende (1993, p. 164): "entra-se no território da palavra com tudo o que se é e se leu até então, e a volta se faz com novas dimensões, que levam a reinaugurar o que já se sabia antes".

Por fim e para a finalidade deste estudo, com base no que vimos sobre os diversos conceitos de leitura apresentados aqui anteriormente, sabemos que ela é a base e o instrumento indispensável para a escrita, pois escrever sobre algo exige um conhecimento prévio e consistente do assunto a ser abordado, e isso só poderá acontecer mediante uma pesquisa bibliográfica, ou seja, por meio da leitura - muita leitura.

É assim que a leitura se transforma em instrumento de apropriação de conhecimento, uma ferramenta que permite aprender a apreender, configurando-se em uma atividade de ensino em todas as áreas.

Mas, para fins da escrita acadêmica, no processo de leitura, utilizamos algumas estratégias: antes, durante e após a leitura.

Na leitura inicial, é feita uma análise global do texto (título, ficha catalográfica, tópicos e figuras/gráficos) e também do conhecimento que se tem sobre o assunto a ser discutido.

No decorrer da leitura, tentamos compreender a mensagem passada pelo texto, selecionando informações relevantes, confrontando as informações apresentadas no texto com as ideias iniciais, a fim de confirmá-las ou de refutá-las.

Ao término da leitura, fazemos uma análise com a finalidade de rever o conteúdo lido ou de refletir sobre ele, isto é, sobre a importância da leitura e o significado da mensagem, verificando as diferentes perspectivas apresentadas para o assunto.

Vale salientar que há muitos materiais que servem como referencial sobre o tema e enfocam os vários tipos de leitura. Entretanto, para a redação acadêmica, adotaremos uma classificação simplificada; em outras palavras, dividiremos o processo de leitura em três etapas:

1. leitura exploratória (seletiva e analítica);
2. leitura interpretativa;
3. leitura crítica.

Qualquer trabalho acadêmico exige leitura, mas, ao receber a missão de realizar um trabalho sobre leitura, os alunos, geralmente, ficam atônitos, pois, para pensar e explorar profundamente essa temática, é preciso, antes de tudo, sistematizar as etapas de um processo que será o assunto e a prática daquele que realiza o trabalho. Isso é fundamental, porque ninguém consegue apreender toda a carga informativa e reflexiva que um texto, um livro ou um artigo contêm apenas com uma única leitura.

Embora seja um assunto conhecido e aparentemente óbvio, a leitura é uma atividade densa e complexa, quando não temos o hábito de praticá-la nem o seu domínio. Por isso, apesar de ser uma prática simples, merece muita atenção. Aliás, quanto mais óbvio é um assunto, mais difícil se torna escrever ou pensar sobre ele. Isso ocorre porque, em tese, todo mundo sabe da importância da leitura. Sendo assim, não há propriamente um problema a ser resolvido, que é o que caracteriza um trabalho acadêmico.

Porém, sempre há algo a dizer sobre qualquer assunto, e isso ficará visível a partir das três etapas de leitura para pesquisa acadêmica referidas anteriormente. Comece selecionando autores que escrevam sobre leitura, leia os títulos, a ficha catalográfica, a orelha, o prefácio e, então, observe se os subtítulos lhe interessam. Isso é o que se chama de *leitura exploratória*.

A LEITURA EXPLORATÓRIA envolve a pesquisa bibliográfica preliminar, ou seja, a procura de títulos voltados ao assunto e, também, à leitura de resenhas e/ou resumos de apresentação de livros sobre o assunto a ser explorado. Nessa etapa, fazemos a seleção e a análise do material. Aquilo que não for útil será descartado. O material restante será analisado na etapa seguinte, que é a interpretação.

Além de livros, as fontes podem ser também revistas especializadas, jornais, periódicos, estudos acadêmicos, teses, dissertações e, claro, a INTERNET. Com relação a essa fonte, é importante certificar-se da confiabilidade do *site* pesquisado, dando preferência àqueles vinculados a instituições ou a autores conhecidos (universidades, órgãos estatais, instituições de ensino etc.). Mesmo assim, em caso de ensaios, artigos ou teses, torna-se fundamental observar a bibliografia utilizada pelo autor do material. O aluno vai selecionar, de acordo com as suas intenções, aqueles que lhe parecerem mais relevantes.

Com base nos textos selecionados na leitura exploratória, o aluno vai ordenar e sumariar informações que respondam ao problema do seu estudo.

Não é necessário, na primeira etapa, resumir nem sublinhar as principais ideias; entretanto, há a possibilidade de se elaborar um breve esquema das grandes partes do texto em questão, a fim de visualizá-lo de um modo global.

A LEITURA INTERPRETATIVA, segunda etapa que o leitor precisa vencer, serve para correlacionar o conteúdo lido com o problema proposto e associá-lo e/ou compará-lo aos conhecimentos advindos de outros cientificamente comprovados. Após destacar, sublinhar, as partes essenciais do texto para entendê-lo, o leitor deve reuni-las, tentando organizar um novo texto que faça sentido e que seja independente, preparando-o para aproveitamento na etapa seguinte.

A LEITURA CRÍTICA, finalmente, exigirá um posicionamento do aluno com relação ao do autor da obra lida. Na leitura crítica, é preciso descobrir as ideias do autor do texto lido, aquilo em que ele acredita, qual a sua intenção. A partir daí, o leitor poderá avaliar se os argumentos utilizados por ele o convencem. Nesse estágio, é preciso, sobretudo, investigar a autoridade do autor sobre o conteúdo lido. Com base nisso, é possível saber se os argumentos dele serão úteis às intenções do aluno para o trabalho a realizar. Em muitos casos, você pode utilizar as ideias de uma leitura (argumentos) como contra-argumentos àquilo que você deseja provar ou afirmar. Como você pode perceber, essa é a etapa que exige maior esforço reflexivo por parte do aluno.

Imaginemos um exemplo: todo mundo concorda com a afirmação de que a leitura é um hábito necessário, que devemos sempre ler e ensinar às crianças, desde pequenas, sobre a importância da leitura. Nesse sentido, incentivamos o hábito de ler. Porém, podemos encontrar algum autor que discorde da tese de que a leitura deva ser um "hábito", pelo simples argumento de que o hábito estabelece atos automatizados, isto é, inconscientes. Dessa forma, a pessoa que lê não estaria exercitando a capacidade de reflexão.

E, se pensarmos bem, é aceitável a ideia, apesar de tratar-se aparentemente apenas de uma questão terminológica, pois, dificilmente, aquele que lê não reflete sobre o conteúdo da leitura realizada. O grande desafio dessa proposta, ao fim e ao cabo, é o de deixar evidente que o hábito da leitura diferencia-se dos demais hábitos.

(.)
Ponto final

Como vimos neste capítulo, o leitor utiliza, ao mesmo tempo, seu conhecimento do mundo e do texto para construir uma interpretação sobre as leituras que realiza. O processo precisa garantir que o leitor compreenda bem o texto e possa perceber que tem a possibilidade de construir e reconstituir uma ideia sobre seu conteúdo, retirando do texto subsídios que lhe interessem, em função dos objetivos propostos no estudo em foco.

Por isso, a leitura individual precisa permitir a ida e a vinda no texto, o avanço e o retrocesso; se forem necessárias, duas, três ou várias leituras. Não há com o que se preocupar, pois esse processo é lento e depende do ritmo de cada leitor. Tudo isso para que, ao final, ele possa relacionar a informação obtida com o conhecimento prévio, decidindo sobre o que é relevante ou não utilizar. Na verdade, sempre são necessárias várias leituras para compreendermos o real sentido do texto.

Até aqui, mostramos a íntima relação entre o homem, a leitura e a escrita e conhecemos diferentes conceitos sobre essa temática. Além disso, vimos as etapas de leitura necessárias para a realização da escrita acadêmica.

Indicação cultural

MEDEIROS, J. B. *Redação científica*: a prática de fichamentos, resumos, resenhas. 10. ed. São Paulo: Atlas, 2008.

Com vistas a ampliar as noções presentes neste capítulo e consolidar os conceitos sobre a importância da leitura para a escrita acadêmica, sugerimos a leitura da obra indicada. O autor apresenta uma minuciosa classificação de tipos de leitura que auxiliam o estudante a reconhecer os seus próprios processos na experiência leitora. Em linhas gerais, as ideias desenvolvidas por esse autor aprofundam os conteúdos até aqui abordados.

Atividades

1. A leitura e a escrita são:
    a. dispensáveis para o homem moderno.
    b. indispensáveis para o homem, porém a escrita vem em primeiro lugar.
    c. indispensáveis para o homem, porém a leitura vem em primeiro lugar.
    d. indispensáveis para o homem, pois ambas se complementam.

2. Assinale a afirmação correta:
   a. Escrever é um ato teológico, ou seja, escreve-se para alguém e com alguma finalidade.
   b. Quando se escreve um texto acadêmico, não se precisa, necessariamente, de uma finalidade.
   c. Escrever é um ato teleológico, isto é, escreve-se para alguém e com algum objetivo.
   d. Na redação acadêmica, não há preocupação com o objetivo do texto.

3. Assinale a informação correta quanto à leitura:
   a. Para fins da escrita acadêmica, no processo de leitura, não há necessidade de estratégias.
   b. Na leitura inicial, faz-se uma análise global do texto (título, ficha catalográfica, tópicos e figuras/gráficos) e também do conhecimento que se tem sobre o assunto a ser discutido.
   c. Na leitura inicial, se houver, faz-se uma análise global do texto (título, ficha catalográfica, tópicos e figuras/gráficos) e também do conhecimento que se tem sobre o assunto a ser discutido.
   d. No decorrer da leitura, tentamos compreender a mensagem passada pelo texto, mas não há necessidade de selecionar informações relevantes.

4. De acordo com o conteúdo, o processo de leitura divide-se em:
   a. três etapas.
   b. duas etapas.
   c. cinco etapas.
   d. seis etapas.

5. Assinale a afirmação correta quanto à leitura interpretativa:
   a. Envolve a pesquisa bibliográfica preliminar, ou seja, a procura de títulos voltados ao assunto e, também, à leitura de resenhas e/ou resumos de apresentação de livros sobre o assunto a ser explorado.
   b. Faz-se a seleção e a análise do material.
   c. Serve para correlacionar o conteúdo lido com o problema proposto e associá-lo e/ou compará-lo aos conhecimentos advindos de outros cientificamente comprovados.
   d. Há a presença de um posicionamento do aluno com relação ao do autor da obra lida.

(2)

Tipologia textual

Mozara Rossetto da Silva é especialista em Literatura Brasileira pela Universidade Federal do Rio Grande do Sul (UFRGS).

Mozara Rossetto da Silva

<u>N</u>este capítulo, apresentaremos as tipologias textuais – descrição, narração e dissertação – com as suas características, funções e aplicações.

O uso da linguagem relaciona-se diretamente com os fenômenos sociais, pois as pessoas falam, escrevem, ouvem e leem de maneira socialmente determinada, como membros de diferentes categorias, grupos específicos, profissões, organizações, comunidades ou culturas. Além de criar e recriar representações, formas de conhecimentos e crenças, os textos refletem, constituem e podem desafiar e transformar relações entre indivíduos.

Para ler, compreender e redigir textos em língua materna, é necessária a utilização de variados recursos linguísticos e discursivos, os quais possibilitam produzir efeitos de sentido adequados a cada situação específica de interação humana. Estabelece-se uma relação inseparável entre o texto e o contexto, uma vez que o texto é a materialização da linguagem de um determinado ambiente social, no qual essa linguagem desempenha uma função. Todos os produtos de interação verbal apresentam uma voz que é definida com base na diversidade de atividades sociais que as pessoas realizam e com as quais se envolvem, o que leva a uma diversidade de produções de linguagem.

Se o objetivo é caracterizar, explicitar como se apresenta uma cena, pessoa ou objeto, o texto tem características DESCRITIVAS. Quando o que se quer é contar, relatar fatos ou acontecimentos, tende-se para a NARRAÇÃO. Já na DISSERTAÇÃO, busca-se o refletir, o explicar, o avaliar por meio da exposição de argumentos associados à análise e à síntese.

Analise a composição dos seguintes trechos de textos.

Texto 1

Venha ver o pôr do sol

Ela subiu sem pressa a tortuosa ladeira. À medida que avançava, as casas iam rareando, modestas casas espalhadas sem simetria e ilhadas em terrenos baldios. No meio da rua sem calçamento, coberta aqui e ali por um mato rasteiro, algumas crianças brincavam de roda. A débil cantiga infantil era a única nota viva na quietude da tarde. Ele a esperava encostado a uma árvore. Esguio e magro,

> metido num largo blusão azul-marinho, cabelos crescidos e desalinhados, tinha um jeito jovial de estudante.

Fonte: Telles, 1999.

Texto 2

> *Relatório do Estágio Supervisionado I*
>
> [...] no primeiro dia de aula, a professora regente me apresentou aos alunos, sentei-me no fundo da sala e prossegui minha observação. Os alunos ficaram desconfiados e envergonhados, mas não hesitaram em conversar com os colegas.
>
> Quanto à estrutura física, a escola conta com 11 salas de aula, sala de professores, sala da direção, coordenação, secretaria, pátio, cantina, não tem biblioteca própria. A sala da 5ª série, onde estagiei, é clara, mas muito quente devido ao revestimento do telhado e às janelas, que oferecem pouca ventilação. A sala se localiza próxima ao pátio, que dá acesso a todas as outras salas. Isso favorece a dispersão dos alunos nas aulas, pois as janelas oferecem uma visão ampla do pátio. Além disso, o som e a movimentação produzidos fora da sala atrapalham as aulas. A maioria das cadeiras é separada (mesa e cadeira), são poucas as que têm apoio para escrever, e todas são dispostas em fila. O tipo de cadeira utilizada traz prejuízos em dois aspectos: ocupa muito espaço e atrapalha a realização de atividades em grupos. A sala é pequena em relação ao número de alunos (51), alguns deles ficam fora das filas.
>
> As aulas, na maioria das vezes, começam no horário, mas sempre terminavam alguns minutos antes, pois os alunos precisavam tomar o ônibus, já que moravam [longe].

Fonte: Barreto, 2006.

Texto 3

O bom pastor

Edward presenciou ainda menino o suicídio do próprio pai. Enquanto estudava na Universidade de Yale, tornou-se membro da sociedade "Skull and Bones". Por conta de seus valores pessoais, ele foi recrutado para trabalhar na recém-inaugurada Agência de Inteligência Central, mantida pelo governo estadunidense. Lá, tomou contato com a Guerra Fria e, aos poucos, tornou-se um funcionário prestigiado dentro da Agência. No entanto, tamanha responsabilidade fez com que ele tivesse de sacrificar alguns setores de sua vida pessoal, como os ideais e a família.

Fonte: Adaptado de Interfilmes.com, 2008.

Texto 4

O que faz um bom professor

[...] Os índices de educação de um país estão diretamente relacionados a seus professores. Estudos mostram que, depois do perfil socioeconômico do aluno, o professor é o fator mais relevante para o aprendizado.

Um deles é do estatístico americano William Sanders, da Universidade da Carolina do Norte. Ele desenvolveu um método que mede a contribuição de cada professor ao aprendizado da turma. Concluiu que as notas de alunos com o mesmo perfil podem variar dependendo do professor com quem estudam. "Os efeitos do mau ensino são mensuráveis até dois anos mais tarde, independentemente da boa qualidade dos outros professores", escreveu. "Entre as variáveis da escola que influenciam o desempenho do aluno, a formação do professor é um dos fatores mais importantes", afirma Reynaldo Fernandes, presidente do Instituto Nacional de Estudos e Pesquisas Educacionais Anísio Teixeira (Inep), ligado ao Ministério da Educação (MEC). Mas como identificar os bons e maus profissionais? Qual é a melhor maneira de investir neles para garantir o desenvolvimento das futuras gerações?

Um perfil inédito do professor no Brasil ajuda a responder a essas perguntas. Pela primeira vez, o Inep colheu informações sobre cada professor, da creche ao final do ensino médio. O cruzamento dos dados revelou que dois em cada dez professores trabalham em mais de uma escola. E que 36% deles dão aula em mais de um turno (manhã, tarde ou noite). A consequência do trabalho dobrado é que, enquanto vai de uma escola para outra, o professor sacrifica o tempo para planejar a aula e corrigir trabalhos. O problema é agravado pelo excesso de alunos. Um em cada dez professores da 5ª série ao ensino médio dá aula para mais de dez turmas por semana. São cerca de 400 alunos por professor.

A formação do professor é a segunda carência apontada pelo censo. Entre profissionais do ensino fundamental e médio, 17% não têm a escolaridade mínima exigida para dar aula. São alfabetizadores que não completaram o ensino médio e professores de Física ou História que nunca foram à faculdade. O cenário não é muito diferente nas escolas privadas, nas quais 27% dos professores não têm ensino superior. Na rede pública, o índice é de 30%.

Melhorar a educação é uma tarefa muito complexa. [...] Investimentos na formação, valorização e respeito ao professor seriam os passos iniciais para essa empreitada. Nenhum país pode depender de profissionais "heróis" e

> nem se dar ao luxo de perder os mais qualificados e experientes. É preciso avançar do modelo de professores-heróis para o do profissionalismo. [...]

Fonte: Aranha et al., 2008.

Você percebeu que, no Texto 1, com base descritiva, o objetivo é oferecer ao leitor/ouvinte a oportunidade de visualizar o cenário em que uma ação se desenvolve e os personagens que dela participam? A descrição benfeita e minuciosa desperta no leitor/ouvinte, além da possibilidade de imaginar cenários e personagens, o prazer pelo acompanhamento da perfeita caracterização destes. Cada um, no contato com o texto, cria uma imagem específica da rua, das casas, dos arredores e do personagem referido como *ele*, citado no trecho.

Existem características linguísticas próprias do texto descritivo, as quais o diferenciam de outros tipos de textos, tais como:

- Uso de ADJETIVOS – Caracterizam um substantivo, atribuindo-lhe qualidade, estado ou modo de ser e podem aparecer com a seguinte distribuição:
    - ANTEPOSTOS AO SUBSTANTIVO – "Tortuosa ladeira", "modestas casas";
    - POSPOSTOS AO SUBSTANTIVO – "Terrenos baldios", "mato rasteiro", "cabelos crescidos e desalinhados";
    - ANTEPOSTOS E POSPOSTOS AO SUBSTANTIVO – "Débil cantiga infantil", "largo blusão azul-marinho".
- Uso de ADVÉRBIOS – Indicam as circunstâncias em que ocorre a ação verbal e aparecem no exemplo subdivididos em:
    - ADVÉRBIOS DE MODO – "Sem pressa", "sem simetria", "sem calçamento", "de estudante";

- DE LUGAR – "No meio da rua", "aqui e ali";
- DE TEMPO – "Da tarde".
- Uso frequente do PRETÉRITO IMPERFEITO DO INDICATIVO – "Avançava", "iam", "brincavam", "era", "esperava", "tinham".

O Texto 1 apresenta uma descrição literária. Na descrição não literária, há maior preocupação com a exatidão dos detalhes e a precisão vocabular. Por ser objetiva, há predominância da denotação. O nível de linguagem utilizado é o técnico/científico, e esse tipo de texto é usado para descrever aparelhos, o seu funcionamento, as peças que os compõem, para descrever experiências, processos etc.

Na descrição do tipo não literária, Texto 2, a autora expõe detalhes coletados durante a sua observação realizada em uma turma de 5ª série de uma escola pública da Bahia.

A descrição também pode aparecer ao longo de diferentes textos, pois sua função pode ser completar, ensinar, significar, arquivar, classificar, prestar contas, explicar.

No Texto 3, o foco está no desenrolar de fatos ocorridos a um personagem em diferentes locais durante uma determinada sequência temporal.

Verifique alguns elementos característicos desse texto narrativo:

- NARRADOR/FOCO NARRATIVO – Não participa da ação, não faz parte da história contada. É um narrador-observador, que, diferentemente do narrador-personagem, faz referências a uma terceira pessoa e utiliza verbos conjugados nessa pessoa do discurso ("Edward presenciou"; "ele foi recrutado"; "tornou-se um funcionário"; "ele teve de sacrificar sua vida pessoal").
- FATO (o que é narrado) – A vida de Edward.
- TEMPO – Da infância à idade madura de Edward.

- LUGAR – Casa paterna, universidade, local de trabalho (Agência de Inteligência Central, sua casa).
- PERSONAGENS – Edward, seus familiares e seus colegas de trabalho.
- CAUSA (motivo que determinou a ocorrência) – Ingresso de Edward para trabalhar na Agência de Inteligência Central.
- MODO (como se deu o fato) – O envolvimento de Edward com o trabalho e o seu prestígio dentro da agência.
- CONSEQUÊNCIAS – De um lado, o sucesso profissional e, de outro, o prejuízo em termos pessoais e familiares.

No texto narrativo, predominam os verbos de ação, afinal, o objetivo está no desenrolar de um fato, de um acontecimento, e isso pressupõe mudanças que estabelecem relações anteriores, concomitantes e posteriores. A seleção de verbos e conectivos, a pontuação, a coordenação ou a subordinação das orações têm papel relevante na montagem do texto narrativo.

Por se tratar de uma história redimensionada temporal e espacialmente e na qual os eventos e as ações são submetidos ao trabalho da linguagem, os cuidados gramaticais são fundamentais, pois o texto representa uma reconstrução do universo que a cada dia se faz de forma diferente. Em vista disso, as narrações das diferentes épocas foram, são e continuarão sendo lidas diversamente através da história pelos mais variados públicos.

E o Texto 4? Qual é o diferencial dele em relação aos outros?

Enquanto os anteriores focam seu desenvolvimento, respectivamente, na descrição e no desenrolar de fatos, o texto dissertativo apresenta ideias, argumentos e opiniões sobre determinado assunto, analisa contextos, dados e fatos. O objetivo é discutir, argumentar, posicionar-se e defender pontos de vista por meio da fundamentação, da explicação, da persuasão e da exposição de provas.

Conhecimento prévio e consistente sobre o assunto, posicionamento a respeito do tema e domínio da linguagem-padrão (seleção de vocabulário, correção gramatical, organização de construções sintáticas) são prerrequisitos fundamentais para a elaboração de textos dissertativos.

No texto utilizado como exemplo, é possível perceber essas nuances no processo de redação. Ao tratar sobre o tema da educação brasileira, mais especificamente sobre os professores, o autor preocupou-se em ancorar/fundamentar sua opinião com estudos, pesquisas, métodos e estatísticas. Ao apresentar citações de pessoas renomadas na área, dados, números e percentuais, o texto garante um caráter de veracidade maior do que se ficasse preso unicamente à expressão de ideias e sugestões pessoais do redator.

Quanto à estrutura, o texto segue o modelo tradicional de dissertação:

- Na INTRODUÇÃO (PRIMEIRO PARÁGRAFO), apresenta o tema e a sua delimitação: educação/papel do professor para o aprendizado.
- No DESENVOLVIMENTO (SEGUNDO, TERCEIRO e QUARTO PARÁGRAFOS), discorre sobre os argumentos que sustentam a tese:
  - método que mede a contribuição de cada professor ao aprendizado da turma;
  - dados sobre carga horária e números de alunos por turma;
  - informações sobre a formação dos professores de escolas públicas e privadas.

- Na CONCLUSÃO (QUINTO PARÁGRAFO), retoma a tese e propõe soluções para o problema discutido: investimentos na formação e valorização do professor.

Nos capítulos seguintes, serão analisados em maior profundidade a estrutura do texto dissertativo e o conceito de argumentação.

Para finalizar a abordagem sobre os diferentes tipos de textos, devemos considerar também a existência de textos mistos, os quais são compostos por uma combinação das modalidades descritiva, narrativa e dissertativa.

Leia o texto a seguir e procure detectar a heterogeneidade de tipos.

Texto 5

Ilhas de excelência e o vexame nacional

A realidade dos 55 mil colégios da rede pública de ensino fundamental no país é parecida. Insuficiência crônica de recursos, professores despreparados, currículos malfeitos, má gestão das verbas disponíveis e escolas em condições precárias. Esses são os resultados do Índice de Desenvolvimento da Educação Básica (Ideb), no qual apenas 178 escolas de 1ª a 4ª séries da rede pública obtiveram desempenho equivalente ao das escolas dos países da Organização para Cooperação e Desenvolvimento Econômico (OCDE). Em outras palavras, 99,7% não atingem os padrões mínimos das escolas dos países mais ricos. Um vexame.

Quanto às 178 ilhas de excelência apontadas pela pesquisa, elas não se restringem às cidades maiores e mais ricas. Muitas se escondem em municípios como Limoeiro, Pernambuco, e Tocantinópolis, Tocantins. Afinal, o que faz com que as pouquíssimas escolas bem avaliadas brilhem num cenário tão desalentador? São práticas que podem e devem ser espalhadas por toda a rede de ensino do país.

Na Escola Estadual Jandira de Andrade Lima, em Limoeiro, Pernambuco, as coisas começaram a mudar em 2000, graças a um projeto desenvolvido pelas crianças da 2ª série. Elas desenharam como viam sua cidade, e esses desenhos viraram cartões-postais [...] que foram enviados por Ana Xavier, a diretora da escola, para um amigo que morava na Alemanha [...]. O passo seguinte foi dado pelas crianças alemãs, que fizeram cartões-postais inspirados em sua cidade e enviaram para os colegas brasileiros. [...] "Foi um ir e vir de cartas, cartões, revistas, vídeos, CDs, que alimentavam a curiosidade e o interesse pela cultura estrangeira. Estava implantada a vontade de aprender." Um belo dia, Limoeiro recebeu a visita de professores alemães trazendo lembranças de Westerholt e uma quantia em dinheiro que serviu para a construção de duas CDtecas, com aparelho de som e vários CDs. Antes que elas fossem inauguradas, porém, a escola foi roubada. Sensibilizados, os alemães angariaram fundos em sua cidade para mandar para Limoeiro. [...]

O Projeto Correio Brasil Alemanha mostra que há formas criativas para contornar a falta de dinheiro. "Essa iniciativa permite que os alunos enriqueçam seu currículo escolar e estabeleçam uma conexão com o mundo, ampliando suas perspectivas de um futuro melhor", afirma a diretora.

Fonte: Sekeff, 2008, p. 78.

O texto misto começa e termina com características dissertativas (primeiro, segundo e último parágrafos) e o seu desenvolvimento apresenta características narrativas, pois no terceiro e no quarto parágrafos é relatada a experiência realizada em uma escola estadual de Pernambuco.

Por meio da apresentação de um fato/exemplo, é evidenciado concretamente como as escolas, mesmo as menos favorecidas, podem participar ativamente de projetos criativos para contornar a falta de recursos e trazer excelentes resultados, não só aos alunos diretamente envolvidos, mas também ao restante da rede de ensino que, seguindo esse exemplo de prática pedagógica, alcançará maior excelência educacional.

(.)

Ponto final

Neste capítulo, foram analisados diferentes exemplos de textos produzidos em virtude de determinadas funções (científicas, técnicas, ideológicas, oficiais, cotidianas) e também derivados de condições específicas de comunicação verbal. Cada texto traz implícitas características pessoais de seu autor, tais como suas crenças, conceitos, valores, propósito discursivo, enfim, o modo como pensa e percebe o mundo à sua volta, a maneira como representa indivíduos e suas ações, ou seja, o modo como encara e interpreta a "realidade".

Ler um texto criticamente não é apenas visualizar a realidade particular de alguém, mas fundamentalmente explicitar padrões que regem condutas, opiniões e comportamentos da sociedade como um todo.

Indicação cultural

BRANDÃO, H. N.; CHIAPPINI, L. (Coord.). *Gêneros do discurso na escola*: mito, conto, cordel, discurso político, divulgação científica. São Paulo: Cortez, 2000. (Coleção Aprender e Ensinar com Textos).

O livro *Gêneros do discurso na escola* desenvolve um trabalho de seleção, análise e interpretação de diferentes genêros discursivos, com sugestões de leitura, visando aparelhar os professores na exploração didática de diferentes textos. Com essa obra, completa-se a trilogia composta pelos livros *Leitura e construção do real* e *Outras linguagens na escola*, todos publicados na coleção Aprender e Ensinar com Textos.

Atividades

1. Assinale a alternativa que apresenta uma característica da descrição:
   a. Relatar uma sucessão de acontecimentos.
   b. Representar um processo que se desencadeia, se complica e se resolve.
   c. Ordenar momentos através dos quais se processa uma transformação.
   d. Especificar um determinado objeto temporal e espacialmente.

2. Com base na descrição a seguir, assinale a alternativa correta a respeito das características linguísticas apresentadas:

> A noz-moscada inibe as substâncias que degradam os neurotransmissores. Em altas doses, pode causar reações como distorções na visão, boca seca e uma sensação de euforia. Sua ingestão se dá de forma direta ou em chá e hoje é bem menos popular do que já foi na década de 70.

Fonte: O Barato..., 2008, p. 28.

a. "Boca seca" e "sensação de euforia" são, respectivamente, caracterizações feitas por adjetivo e advérbio de modo.
b. "Hoje" e "década de 70" são advérbios que indicam uma circunstância de modo.
c. O tempo verbal mais frequente do texto é o pretérito imperfeito do indicativo.
d. O tempo verbal mais frequente do texto é o pretérito perfeito do indicativo.

3. Com base no texto a seguir, assinale a alternativa correta a respeito dos elementos narrativos apresentados:

> No Japão, um samurai, por estar próximo de ser capturado, praticou o *harakiri*, ato que consiste em atravessar uma adaga no abdome. O guerreiro sentou-se sobre as pernas dobradas para trás para não cair de costas e não pôde demonstrar nenhum tipo de medo ou dor. A principal função desse ritual é garantir que os guerreiros lutem e morram com honra.

Fonte: Silva, 2008, p. 35.

a. O narrador participa da ação.
b. O fato narrado é a morte de um guerreiro por meio do *harakiri*.

c. Os personagens são o samurai e o guerreiro.
  d. A consequência apresentada é a luta com honra.

4. Após ler o texto a seguir, assinale a alternativa correta:

> A realidade dos 55 mil colégios da rede pública de ensino fundamental no país é parecida. Insuficiência crônica de recursos, professores despreparados, currículos malfeitos, má gestão das verbas disponíveis e escolas em condições precárias. Esses são os resultados do Índice de Desenvolvimento da Educação Básica (Ideb), no qual apenas 178 escolas de 1ª a 4ª séries da rede pública obtiveram desempenho equivalente ao das escolas dos países da Organização para Cooperação e Desenvolvimento Econômico (OCDE). Em outras palavras, 99,7% não atingem os padrões mínimos das escolas dos países mais ricos. Um vexame.

Fonte: Sekeff, 2008, p. 78.

  a. A introdução é composta pelo primeiro período: "A realidade dos 55 mil colégios da rede pública de ensino fundamental no país é parecida."
  b. A conclusão é composta pelo último período: "Um vexame."
  c. No desenvolvimento do parágrafo são apresentados argumentos já citados na introdução.
  d. Um dos argumentos apresentados é que somente 0,3% das escolas brasileiras atingem o mesmo padrão de qualidade das escolas dos países ricos.

5. Classifique o texto a seguir quanto à tipologia:

> Era um domingo ensolarado no Rio de Janeiro e eu estava com um grupo de amigos numa cachoeira. A água estava ótima, límpida, fresquinha. Lá permanecemos até o final da tarde e foi muito divertido. No entanto, dois dias depois, comecei a apresentar sintomas de febre, mal-estar e dores de cabeça e pelo corpo todo. Ao realizar o exame de sangue, o diagnóstico foi de dengue!
>
> A situação apresentada no Rio de Janeiro é de epidemia e das graves! A população foi orientada a usar roupas compridas para se defender da contaminação, enquanto a prefeitura e o governo do estado montaram centros de hidratação e recorreram a médicos vindos de outros estados e até do exterior para auxiliarem no controle do surto.

a. Descritivo.
b. Narrativo.
c. Dissertativo.
d. Misto.

(**3**)

O parágrafo-padrão

Daniela Duarte Ilhesca
Débora Mutter da Silva

O objetivo deste capítulo é aprofundar o estudo da forma dissertativa como gênero privilegiado para a redação acadêmica, com base na análise do parágrafo-padrão: conceito, estratégias e estrutura.

O estudo do parágrafo-padrão é fundamental, porém é necessário que, antes de falar nele, lembremos o que é um parágrafo simplesmente. Se pensarmos que um texto é composto de palavras, frases e períodos, podemos afirmar que o parágrafo é a maior unidade redacional de um texto longo. Sua função é importantíssima para a progressão do texto, pois seus efeitos incidem sobre a estrutura formal e sobre a estrutura semântica.

Vejamos o texto a seguir:

Texto 1

> *Gaúchos que viajarão ao Rio devem ficar alertas*
>
> Segundo a Secretaria de Saúde do Rio Grande do Sul, não há nenhum caso de dengue autóctone (contraído no Estado) entre os gaúchos. As 23 vítimas confirmadas este ano teriam contraído a doença em viagens.
>
> A última epidemia no estado foi registrada em abril de 2007, com 262 casos confirmados – 70% deles na região de Giruá, no Noroeste. Entretanto, o maior pico de notificação da doença aconteceu em 2002, quando houve uma grande infestação de dengue no Rio de Janeiro.
>
> O gaúcho viaja muito ao Rio de Janeiro e, por isso, precisa se cuidar. Ao primeiro sintoma da doença, não pode deixar de procurar um médico – alerta a coordenadora da Divisão de Vigilância Ambiental em Saúde do Estado, Laura Londero Cruz.

Fonte: O Brasil..., 2008.

No texto, há três parágrafos, que podemos identificar pelo recuo da margem esquerda. Além disso, vale ressaltar que cada parágrafo aborda um novo enfoque sobre o mesmo assunto, por isso a necessidade de deixá-los em parágrafos distintos.

Quanto à estrutura formal externa, o parágrafo segmenta o texto em blocos, que são visualmente identificados pelo recuo da margem esquerda. Cada parágrafo de um texto longo é identificado por essa característica física, e não há extensão previamente determinada, ou seja, o tamanho de um parágrafo é variável, visando sempre à harmonia entre os parágrafos.

Em relação à estrutura semântica, cada parágrafo de um texto longo vai abordar um novo enfoque sobre o assunto integral. Além disso, introduz um novo dado sobre o conjunto, alimentando ou subsidiando a ideia principal. Nesse sentido, cada parágrafo tem uma ideia principal, que não é exatamente a do texto como um todo, mas que gravita em torno dela, isto é, guarda uma estreita relação com a ideia principal e com o assunto do texto. Porém, todo texto bem elaborado terá um parágrafo que apresenta a ideia-núcleo. A este chamaremos de *parágrafo-padrão*, pois ele indica os elementos fundamentais do assunto. Vejamos agora a definição de *parágrafo* por Garcia (1986, p. 203): "o parágrafo é uma unidade de composição constituída por um ou mais períodos, em que se desenvolveu ou se explana determinada ideia central, à qual geralmente se agregam outras, secundárias mas intimamente relacionadas pelo sentido."

Mas, para chegarmos à elaboração do parágrafo-padrão, é preciso primeiro escolher um assunto, delimitá-lo e definir um objetivo, ou seja, necessitamos de uma finalidade para aquilo que vamos escrever.

Assim, entre as etapas prévias está, em primeiro lugar, a escolha de um assunto, que pode ser, por exemplo, "novas tecnologias". Em segundo lugar, vamos delimitar, ou seja, restringir, o pensamento, pois são muitas as coisas que podemos abordar no que diz respeito às novas tecnologias, por exemplo, benefícios proporcionados pelas novas tecnologias.

Finalmente, vamos definir qual a nossa intenção, isto é, o objetivo com o qual vamos escrever. Podemos, por exemplo, refletir sobre as vantagens da utilização das novas tecnologias no nosso dia a dia.

- Assunto: novas tecnologias.
- Delimitação: benefícios das novas tecnologias.
- Objetivo: refletir acerca das vantagens das novas tecnologias.

Superadas as etapas preliminares (delimitação do assunto e objetivo), passemos à estrutura interna do parágrafo, que são três:

1. Tópico frasal (frase-núcleo) – Geralmente, é a introdução do parágrafo, por apresentar o assunto delimitado e sugerir o objetivo.
2. Desenvolvimento – A partir de ideias associadas, exemplos e argumentos, desenvolve-se o assunto delimitado para atingir-se o objetivo final.
3. Conclusão – Apresenta-se o fechamento com a retomada do assunto delimitado, acrescentando-se uma ideia nova, uma opinião ou, ainda, propondo-se uma reflexão ao leitor com uma interrogação ou uma questão instigante.

O maior cuidado na hora de concluir é procurar não repetir algo que já tenha sido dito e fechar de modo coerente com a articulação das ideias ou com os argumentos utilizados no desenvolvimento.

O esquema básico de um parágrafo-padrão sobre a temática proposta é: no primeiro período, temos a introdução. A partir daí, temos um desenvolvimento composto por três ideias favoráveis em torno do mesmo assunto. E, finalmente, temos a conclusão, que remete o leitor à decisão de refletir, pensar sobre a temática desenvolvida.

Vejamos agora cada uma das partes que estruturam o parágrafo-padrão.

- Introdução

    As novas tecnologias têm alterado significativamente as práticas e a formação de profissionais nos diversos segmentos sociais, e alguns exemplos ilustram a abrangência de tais mudanças.

- Desenvolvimento

    1ª ideia: Vejamos o caso da videoconferência. É uma solução recente, que permite aos usuários economia de tempo e de recursos, evitando deslocamento físico e proporcionando redução nos gastos com viagens.

    2ª ideia: Outra área bastante impactada é a educação – o ensino a distância agrega recursos tecnológicos como a videoaula, entre outros, permitindo mudanças de hábitos e atitudes diante da formação intelectual.

    3ª ideia: Na área médica, a investigação e o tratamento de doenças ocorrem com o auxílio da informática, possibilitando resultados mais precisos.

- Conclusão

    Por certo, esses são apenas alguns exemplos dessa nova realidade que devemos saudar, mas para a qual devemos estar preparados.

Agora veja como ficou o parágrafo-padrão:

> As novas tecnologias têm alterado significativamente as práticas e a formação de profissionais nos diversos segmentos sociais, e alguns exemplos ilustram a abrangência de tais mudanças. Vejamos o caso da videoconferência. É uma solução recente, que permite aos usuários economia de tempo e de recursos, evitando deslocamento físico e redução nos gastos com viagens. Outra área bastante impactada é a educação: o ensino a distância agrega recursos tecnológicos, como a videoaula, entre outros, permitindo mudanças

> de hábitos e atitudes diante da formação intelectual. Na área médica, a investigação e o tratamento de doenças ocorrem com o auxílio da informática, possibilitando resultados mais precisos. Por certo, esses são apenas alguns exemplos dessa nova realidade que devemos saudar, mas para a qual devemos estar preparados.

Para o estudo do parágrafo-padrão, privilegiamos o tipo dissertativo, pois se trata de um gênero textual que envolve alguns estigmas no imaginário dos estudantes. Mas nós o abordamos, especialmente, por se tratar da forma privilegiada para a escrita acadêmica, fazendo surgir uma aura problemática em torno de algumas questões. A primeira pergunta que fazemos é: "Sobre o que escrever?", isto é, a delimitação do nosso assunto. O segundo questionamento que nos fazemos é: "Por que e para que escrever?", isto é, o nosso objetivo. Por fim, perguntamo-nos: "Como escrever?". Nessa etapa, surgem as questões de estilo, abordagens, informações relevantes e argumentos.

Na vida acadêmica, geralmente o assunto é definido pelo professor, pela disciplina ou pela pesquisa. Portanto, poderemos escrever para apresentar ou rebater uma ideia, contribuir com uma ideia, ampliar uma ideia ou informar um conhecimento novo, partindo de um tema amplo, que deverá ser delimitado, isto é, restringido. Não podemos falar de tudo que envolve o assunto, mas, sim, focar em um aspecto especial e sobre ele tecer uma série de considerações. Vejamos o seguinte exemplo: não poderíamos falar de tudo que envolve a inserção de novas tecnologias, pois seria impossível devido à amplitude do tema. Por isso, foi indispensável destacar um assunto dentro do todo.

No caso, delimitamos o assunto em benefício das novas tecnologias.

Ressaltamos que o parágrafo-padrão é a unidade mínima de uma estrutura dissertativa com autonomia completa. É um parágrafo que pode ser lido e entendido como um texto mais amplo em razão da abrangência e da organicidade de sua estrutura dissertativa. Depois de conhecido, o parágrafo-padrão serve de base para todo e qualquer texto dissertativo.

Mas o que significa dissertar?

Toda vez que abordamos determinado assunto, expondo ou defendendo nossas ideias e convicções, adotamos a estrutura do pensamento dissertativo. Ao analisar fatos e fenômenos da realidade, apresentamos subsídios para convencer alguém sobre uma ideia, divulgar uma informação ou contrapor um ponto de vista sobre um tema. Com isso, queremos convencer nossos interlocutores do nosso ponto de vista. Dissertar é, então, uma ação que visa ao debate de ideias.

No nosso dia a dia, frequentemente expomos nossa opinião sobre certo assunto conflitante, ou seja, para falarmos sobre política, esporte ou livros. Se o tema é polêmico, certamente precisaremos argumentar para defendermos nosso ponto de vista. Porém, essa estrutura serve também para apresentar um percurso reflexivo completo sobre um assunto, organizando ideias divergentes, ou seja, os prós e os contras.

Dissertar, portanto, é organizar textualmente e, de forma crítica, nosso juízo e nosso pensamento sobre determinadas situações, por meio do questionamento sobre certa realidade. Para redigirmos um texto dissertativo, devemos definir uma temática e as ideias que serão agregadas, organizando-as em etapas. As ideias, ou melhor, os argumentos devem aparecer distribuídos de forma lógica em vários parágrafos. Finalmente, devemos apresentar uma ideia conclusiva. Essa sequência, via de regra, deve ser respeitada no texto dissertativo.

Portanto, a temática ou o assunto deve estar logo no início, para que o leitor saiba de antemão do que se trata. As ideias que gravitam em torno do assunto, sejam favoráveis sejam contrárias, devem aparecer logo a seguir, ampliadas no meio, ou seja, desenvolvendo o assunto. Por fim, o autor do texto dissertativo apresentará a conclusão, que, na verdade, é a sua convicção inicial sobre o assunto tratado. Temos aí aquilo que conhecemos como *estrutura da dissertação*: introdução, desenvolvimento e conclusão.

Vamos recordar os passos essenciais para a elaboração de um parágrafo-padrão ou de um texto dissertativo sobre a inserção das novas tecnologias no nosso cotidiano. Em etapa preliminar, já respondida a pergunta inicial sobre o QUE escrever, obtemos como resposta o assunto delimitado. Inicialmente, realizamos uma pesquisa bibliográfica, lendo tudo o que for possível sobre o tema (livros, revistas, trabalhos acadêmicos, internet). Teremos, assim, a base de conhecimento necessária para dizer algo válido. Com base nisso, devemos responder à segunda pergunta: COMO ESCREVER?

Para ajudar, vamos adotar a técnica da interrogação:

- Quais benefícios são proporcionados pela inserção das novas tecnologias no nosso cotidiano? Responda a você mesmo essa pergunta, embasado nos elementos da pesquisa e na sua própria vivência.
- Pergunte-se por que você pensa o que pensa sobre o caso. Esses serão os seus argumentos para defender a sua posição definida na segunda pergunta.
- Anote as ideias auxiliares e os exemplos, relacionando-os ao argumento principal, que é a resposta da sua

segunda pergunta, ou seja, seu argumento principal. Essas ideias auxiliares serão os seus argumentos, ou seja, seus prós.

- Coloque-se na posição de quem pensa de forma diferente de você e relacione quais argumentos essa pessoa teria para contra-argumentar. Daí sairão os argumentos contraditórios, ou seja, os contras. Não há necessidade de que sempre apareçam argumentos desfavoráveis à temática proposta.
- Confronte os argumentos do seu oponente imaginário e tire a prova se os seus argumentos seguem válidos ou suficientes para convencer o seu leitor.
- Caso contrário, tente reforçar a sua base argumentativa com mais elementos.

Finalizando, alguns cuidados são essenciais na hora de escrevermos e estruturarmos o texto dissertativo, com o encadeamento de ideias, conforme verificamos nas etapas anteriores. Vamos conferir?

Cada um dos elementos a seguir são fundamentais para o resultado satisfatório e desejável de um bom texto:

- CRITICIDADE – É estabelecida na etapa preliminar, pois efetuamos o exame e a discussão crítica do assunto, ou seja, adotamos um ponto de vista amparado por argumentos a favor. Isso nos dotará de base de conhecimento indispensável à criticidade, pois envolveu um processo de análise e síntese.
- CLAREZA DE IDEIAS – O bom resultado da criticidade nos dá a clareza de ideias, que também está diretamente ligada ao domínio que temos do vernáculo e da norma culta, bem como do vocabulário preciso, objetivo e coerente com as ideias expostas. O aprimoramento da linguagem e a diversidade lexical são fundamentais para

adequar ideias e palavras. Essa capacidade se adquire pelos hábitos de leitura, de escrita e de pesquisas em dicionários e gramáticas.

- UNIDADE – Muito importante também, pois é ela que permite o desenvolvimento do texto sobre um assunto. As ideias que lhe são pertinentes devem suceder-se em ordem lógica, por isso é importante não abordar detalhes insignificantes e que não mereçam ser desenvolvidos ao longo da produção textual. Antes de começar a escrever efetivamente, devemos escolher um assunto, delimitando-o, para que as ideias não fiquem soltas e o texto mantenha uma unidade. A delimitação ajuda a pôr em ordem nossas ideias, evitando a fuga do tema.

- COERÊNCIA – Outro elemento imprescindível, pois é ela que permite a associação e a correlação das ideias na construção dos períodos e na passagem de um parágrafo a outro. Os elementos de ligação, tais como conjunções, pronomes relativos, pontuação etc., são indispensáveis para entrosar orações, períodos e parágrafos.

- ORGANIZAÇÃO DOS PARÁGRAFOS – É justamente o bom entrosamento das unidades oracionais que garante a organização dos parágrafos, não devendo haver fragmentação da mesma ideia em vários parágrafos nem apresentação de muitas ideias em um só parágrafo. A sequência deles deve ser coerente e articulada. A transição entre os parágrafos deve ser adequada, quer pelas relações em nível das ideias, quer pelo uso de palavras e expressões de ligação resultantes de detalhes do desempenho linguístico em nível de coesão e de estilo.

Para finalizar, vale destacar que um parágrafo-padrão também pode ser escrito no modo descritivo ou narrativo.

(.)
Ponto final

Neste capítulo, abordamos o parágrafo-padrão como forma ideal para o aprofundamento do estudo da forma dissertativa, pois a estrutura do parágrafo-padrão é similar à da DISSERTAÇÃO, tipologia textual privilegiada para a redação acadêmica.

Reiteramos a importância de definir o ASSUNTO e de DELIMITÁ-LO de acordo com um OBJETIVO. Se não tivermos certeza sobre esses três itens, não alcançaremos êxito na formulação textual.

É importante destacar a correspondência entre as partes do parágrafo-padrão e a estrutura dissertativa que se moldam à perfeição: o TÓPICO FRASAL corresponde à introdução; o DESENVOLVIMENTO, ao corpo do texto com a organização dos argumentos, visando ao objetivo final; e, finalmente, a CONCLUSÃO, que vem a ser a informação, o questionamento, a opinião etc. que tínhamos desde o princípio.

Apresentamos, também, uma reflexão sobre o ato de dissertar com base na técnica da interrogação. Enumeramos as qualidades indispensáveis de um parágrafo-padrão, bem como de qualquer texto dissertativo, que são: a CRITICIDADE, a CLAREZA DE IDEIAS, a UNIDADE, a COERÊNCIA e a ORGANIZAÇÃO DOS PARÁGRAFOS.

Indicações culturais

SOARES, M. B. *Técnicas de redação*. São Paulo: Ao Livro Técnico, 1978.

Para aprofundar os conhecimentos acerca do estudo do parágrafo, sugerimos a leitura desse livro de Magda Becker Soares. A autora organiza uma variada tipologia de parágrafos e apresenta exemplos para cada um. Dessa forma, é possível visualizar e explorar mais detidamente as inúmeras possibilidades redacionais de um parágrafo.

CONSOLARO, H. (Org.). *Por trás das letras*. Disponível em: <http://www.portrasdasletras.com.br/pdtl2/sub.php?op=redacao/teoria/docs/topicofrasal>. Acesso em: 21 out. 2008.

Sugerimos a visita ao *site* PORTRASDASLETRAS.COM, no tópico intitulado "A estruturação do parágrafo". Nele, há um detalhamento elucidativo sobre o tamanho do parágrafo e sobre o tópico-frasal e suas diferentes formas de organização estrutural e temática.

Atividades

1. Assinale a alternativa que indica o início e o final do desenvolvimento do parágrafo seguinte:

> Noites mal dormidas podem ser um sinal para você trocar o colchão, garante o ortopedista Anthony B. Lyndon, membro da Associação Britânica de Ortopedia. A má acomodação do corpo pode ser notada a partir de seus hábitos noturnos. Se você se mexe excessivamente ou acorda várias vezes de madrugada, fique atenta à qualidade do colchão ou do travesseiro. O problema é que o mercado oferece tantos produtos nesse setor que fica difícil optar por um modelo específico. Mas isso é vital, porque você passa cerca de 1/3 do dia com o corpo sobre o colchão e o travesseiro. Portanto, tenha cuidado ao escolhê-los e acerte em cheio.

FONTE: CURCIO, 2007.

a. noites/específico.
   b. a má/travesseiro.
   c. noite/travesseiro.
   d. garante/travesseiro.

2. Assinale a alternativa correta com relação à estrutura do parágrafo da questão de nº 1:
   a. Possui cinco períodos de desenvolvimento e um conclusivo.
   b. Possui quatro períodos de desenvolvimento.
   c. Não possui conclusão.
   d. A introdução está composta de dois períodos.

3. Leia a introdução e o desenvolvimento do parágrafo a seguir e assinale a alternativa que melhor se adapta a uma conclusão com base na ideia de parágrafo-padrão:

> Longe de querer somente carros bonitinhos, as mulheres se transformaram em parcela expressiva do mercado e até de carros grandes e robustos como as caminhonetes. [...] [Elas não] querem um carro da Penélope Charmosa. Procuram coisas relevantes, como segurança e praticidade, além da beleza. [O "sexo frágil" gosta] dessa sensação de comando ao dirigir.

Fonte: Penélope ..., 2008.

   a. Em decorrência disso, cresceu o mercado de utilitários.
   b. Além disso, elas gostam do lugar de comando.
   c. Elas recusam carros tradicionalmente femininos.
   d. Por isso, aumentaram as vendas de carros pequenos.

4. Assinale a alternativa que contém a ordem correta dos passos para formar um parágrafo-padrão:

   I. Do mesmo modo, só se escreve "mergulhando" no texto, lendo, conversando e, acima de tudo, praticando.

   II. Então, após o domínio da escrita, sim, o estudo da gramática se torna interessante, um verdadeiro jogo, à medida que o fato linguístico se encontra com a lógica da norma gramatical.

   III. Aprende-se a nadar dentro da água.

   IV. Tomam-se muitos "goles" de erros, surgem dificuldades, mas acaba-se conquistando essa capacidade tão rara nos dias de hoje.

   V. O domínio da linguagem escrita se assemelha ao aprendizado da natação.

   a. I, II, III, IV e V.
   b. I, II, III, V e IV.
   c. V, II, I, III e IV.
   d. V, III, I, IV e II.

5. Assinale a alternativa que contém a ordem correta dos passos para formar um parágrafo-padrão:

   I. Também ocorre a aquisição de conhecimentos variados, tanto empíricos quanto científicos, dependendo do texto escolhido.

   II. Uma delas é a ampliação do vocabulário, pelos diversificados conceitos que apresenta.

   III. A leitura proporciona inúmeras vantagens.

   IV. Assim, verifica-se que esse hábito deve ser amplamente estimulado, pois traz muitos benefícios.

   V. Além disso, é uma fonte de lazer inesgotável, visto que permite ao indivíduo uma "viagem" ao encantado mundo da fantasia através das personagens que vão aparecendo.

a. II, I, III, IV e V.
b. I, II, V, III e IV.
c. III, II, I, V e IV.
d. III, V, I, IV e II.

(4)

Desempenho linguístico 1

Mozara Rossetto da Silva

O ato de escrever é inegavelmente proveitoso e constitui-se em uma oportunidade de aprimoramento constante do redator. No entanto, tal "missão" demanda tempo, esforço intelectual, domínio de habilidades e cuidados especiais. Neste capítulo, vamos abordar qualidades do estilo que são fundamentais para o cumprimento dessa "missão": unidade, harmonia, clareza, concisão, coerência e correção gramatical.

Redigir vai além da comunicação com eficiência. É também uma tarefa que implica empatia, para que se estabeleça uma verdadeira interação entre o produtor e o receptor do texto.

Segundo Feitosa (2000), há duas premissas fundamentais que devem ser consideradas ao iniciar a produção textual:

1. o autor deve ser o primeiro e maior interessado em que o leitor se prenda à leitura do texto;
2. depende do autor que o leitor possa entender e absorver as informações a serem transmitidas.

Para isso, perguntas como "O que o receptor deste texto precisa saber?", "Para que ele precisa dessas informações?", "Que tipo de conhecimento ele já tem a respeito do assunto?", "Qual será a utilização e o alcance desta mensagem?" auxiliam na confecção do texto, porque, conhecendo as expectativas do leitor, é possível considerá-las no momento da elaboração do material.

(4.1)
Qualidades do estilo

No intuito de assegurar a compreensão e o interesse do leitor pelo texto, existem alguns requisitos importantes. São eles: unidade, harmonia, clareza, concisão, coerência e correção gramatical.

Unidade

Para obtermos a unidade textual, devemos ter em vista um objetivo único, eliminando pormenores dispensáveis e evitando passagens bruscas de um assunto para outro.

Fatores que prejudicam a unidade:

- uso de conjunções indevidas;
- pontuação incorreta;
- inversão indevida de termos;
- excesso de adjetivos, advérbios, sinônimos e repetições de palavras;
- ideia principal escondida no meio das secundárias;
- fragmentação do assunto.

Observe o texto a seguir e os problemas que prejudicam sua unidade.

Texto 1

Londres obriga motoristas a andar a 32 km/h

O governo de Londres irá limitar a 32 km/h a velocidade máxima de diversas vias e estradas urbanas com o intuito de reduzir em um terço as mortes na próxima década no trânsito. (Pontuação incorreta)

De acordo com estatísticas, incluindo motoristas, passageiros, ciclistas e pedestres, mais de três mil pessoas nas rodovias londrinas a cada ano morrem. Agora, o objetivo é diminuir para duas mil as mortes até 2020. (Inversão indevida de termos)

Para o Conselho Consultivo Parlamentar para Segurança do Transporte, a meta é significativa, se em 2006 foram registradas 3.172 mortes. (Conjunção indevida)

Além do controle de velocidade, que será feito principalmente no entorno de escolas, as autoridades punirão com mais rigor quem infringir as novas regras e aqueles que não usarem o cinto de segurança. O cinto de segurança é um dispositivo de defesa dos ocupantes de um meio de transporte. O cinto de segurança serve para, em caso de colisão, não permitir a projeção o passageiro para fora do veículo e nem que este bata a cabeça contra o para-brisa ou outras partes duras do veículo. O cinto de segurança é obrigatório em aeronaves veículos automotores, exceto motocicletas, em quase todos os países do mundo incluindo Portugal e Brasil. Muitas pessoas não gostam de usar o cinto de segurança por achar que é incômodo ou por medo de ficar presas em caso de acidente. (ÊNFASE DEMASIADA A UMA DAS IDEIAS SECUNDÁRIAS; A IDEIA PRINCIPAL FICA ABAFADA PELOS PORMENORES)

Para inibir o excesso de velocidade, diversas câmeras e sinalizações eletrônicas serão instaladas pelas ruas londrinas. (FRAGMENTAÇÃO DO TEXTO EM MUITOS E PEQUENOS PARÁGRAFOS)

FONTE: ADAPTADO DE LONDRES..., 2008; WIKIPÉDIA, 2008.

O mesmo texto apresenta maior unidade se redigido da seguinte maneira:

Londres obriga motoristas a andar a 32 km/h

O governo de Londres irá limitar a 32 km/h a velocidade máxima de diversas vias e estradas urbanas, com o intuito de reduzir em um terço as mortes no trânsito na próxima década.

De acordo com estatísticas, mais de três mil pessoas morrem nas rodovias londrinas a cada ano, incluindo motoristas, passageiros, ciclistas e pedestres. Agora, o objetivo é diminuir para duas mil as mortes até 2020. Para o Conselho Consultivo Parlamentar para Segurança do

Transporte, a meta é significativa, já que em 2006 foram registradas 3.172 mortes.

Além do controle de velocidade, que será feito principalmente no entorno de escolas, as autoridades punirão com mais rigor quem infringir as novas regras e aqueles que não usarem o cinto de segurança.

Para inibir o excesso de velocidade, diversas câmeras e sinalizações eletrônicas serão instaladas pelas ruas londrinas.

Fonte: Londres..., 2008.

Harmonia

Pode ser identificada na mensagem elegante, cujo som é agradável aos ouvidos.

Alguns fatores podem prejudicar a harmonia, tais como:

- ALITERAÇÃO – Repetição de um mesmo fonema.

Na farmácia, fomos falar com o farmacêutico a respeito da fabricação dos remédios.

(aliteração do fonema /f/)

- HIATISMO – Emenda de vogais.

Leia a ata em voz alta.

- CACOFONIA – Combinação de palavras que, ao serem pronunciadas, formam sons desagradáveis.

Por cada livro pagou vinte reais.

- Rima – Válida como recurso literário, mas não apropriada em textos acadêmicos.

  Na recepção do hotel, entoou a canção, embora a avaliação do grupo optasse pelo silêncio.

- Repetição de palavras – A repetição de termos desqualifica o texto, pois evidencia um vocabulário restrito do redator.

  O professor explicou ao aluno que na sala de aula é o professor a autoridade e que, por isso, os alunos devem sempre respeitar os professores.

- Excesso de "que" – Além de ficar sonoramente deselegante, esse excesso demonstra falta de habilidade para substituir orações ligadas por esse conectivo por outras com sentido equivalente.

  Foi pedido que ele encaminhasse o trabalho que havia feito para que o professor pudesse logo fechar as médias que faltavam.

Clareza

Pensamentos claros resultam em ideias claras. Para que estas, por sua vez, na passagem para a escrita, expressem com fidelidade a intenção do autor, é necessário evitar alguns deslizes, como os descritos na sequência.

- Disposição incorreta das palavras na frase.

  Alugam-se apartamentos para estudantes com televisor.

Os apartamentos ou os estudantes têm televisor?

- Omissão de alguns termos importantes para o entendimento da frase.

Eu faria o trabalho com você, se soubesse melhor o conteúdo.

Quem não sabe suficientemente o conteúdo: eu ou você?

- Imprecisão vocabular.

O iminente professor foi escolhido como paraninfo da formatura.

Confusão dos termos *iminente/próximo* e *eminente/notável*.

- Ambiguidade gerada pelo uso do pronome relativo.

A filha do ministro que veio de São Paulo.

Quem veio de São Paulo: a filha ou o ministro?

- Excesso de intercalações.

O curso me deu formação, em assuntos, como direito tributário e direito penal, que eu não dominava, quando comecei a estagiar, depois de terminar a faculdade, e ser selecionado em seguida.

O uso exagerado das intercalações interrompe o desenvolvimento das ideias, prejudicando o acompanhamento correto das ideias do interlocutor.

- Ideias desordenadas.

A devastação na Amazônia foi a maior registrada nesses meses desde 2004. O dado é preocupante porque o desmatamento no final do ano costuma cair. No entanto, a estiagem permitiu novas áreas de cultivo. Além disso, as siderúrgicas aproveitaram a oportunidade para transformar árvores em carvão.

Embora o mesmo assunto permeie os períodos, as ideias não estão conectadas apropriadamente.

- Problemas de pontuação.

Uma pesquisa realizada com 1.200 pessoas entre 16 e 24 anos, detectou uma nova categoria, de jovens estudantes, eles representam 25% de sua geração.

- Uso inadequado do gerúndio.

<u>Estarei transmitindo</u> suas informações aos interessados.

O gerúndio transmite ideia de continuidade; portanto, é empregado para expressar uma ação em curso ou simultânea. Diante disso, seu uso acompanhado de verbos no futuro é improcedente.

- Uso de palavras desnecessárias ou incompreensíveis.

A etiqueta nacional de conservação de energia <u>criada</u>, <u>concedida</u> e <u>fiscalizada</u> pelo Inmetro <u>classifica e controla</u> o consumo de energia dos produtos em uma escala de <u>eficiência positiva</u> que vai de A a G.

Concisão

Mensagem concisa é a que comunica o essencial, desprezando as explicações óbvias e supérfluas com poucas palavras. Exemplo de texto prolixo:

Com a finalidade iminente de ampliação da atuação de sua participação no mercado de transporte de cargas aéreas, a VarigLog vem mantendo negociações com as grandes empresas do setor de transporte de cargas interessadas nessa parceria.

O mesmo texto mais conciso e objetivo ficaria: "Para ampliar sua atuação no transporte de cargas, a VarigLog vem negociando com as grandes empresas desse setor."

Coerência

A correlação entre as palavras, os períodos e os argumentos garante o sentido de um texto. Repetições de expressões, falta de progressão do assunto, inadequação das conjunções utilizadas, contradição entre informações, tempos verbais e pessoas do discurso e falta de relação das ideias ocasionam sérios problemas de coerência.

Acompanhe os exemplos incoerentes a seguir:

- *Meu <u>trabalho</u> foi mal <u>avaliado</u> pelo <u>professor</u>, pois o <u>professor</u> poderia ter <u>avaliado o trabalho</u> sob outro enfoque.* (Repetições de expressões).
- *Ele demonstrava profunda preocupação com as atitudes daquele aluno. Não entendia seu comportamento agressivo. Não compreendia seu desinteresse pelos estudos. Não aceitava sua falta de envolvimento nas atividades escolares. Não permitia que alguém naquele ambiente estudantil não participasse das propostas escolares. Não tolerava que ele ficasse à margem das tarefas.* (Falta de progressão do assunto, são redigidos vários períodos que transmitem as mesmas informações).
- *"A Secretaria Municipal de Saúde do Rio de Janeiro registrou no último fim de semana mais 498 casos de dengue.*

[Apesar disso], sobe para 83.168 o número de infectados na cidade" (VICTOR, 2008) (Inadequação da conjunção "apesar disso". A conexão correta deveria ser por meio de um articulador de conclusão como *então, com isso* ou *portanto*)
- *"pela quarta semana consecutiva, o percentual de [...] mortos em consequência da dengue permaneceu em 42%. [Com esse crescimento nos dados, a situação mostra-se preocupante.]"* (VICTOR, 2008) (Contradição entre informações. Os dados estão estabilizados ou em crescimento?)
- *O artigo publicado não possuía caráter científico e não tem um referencial teórico adequado.* (Contradição de tempos verbais. A frase está no passado ou no presente?)
- *Na elaboração deste artigo, mostramos os resultados, para que se tenha uma ideia clara da pesquisa que foi realizada.* (Contradição quanto à pessoa do discurso. A frase está na primeira pessoa do plural – nós – ou na terceira pessoa do singular?)
- *O candidato prometeu que lançará um programa público semelhante ao das ciclovias da Europa. O governo está dando prioridade absoluta à investigação do crime de cárcere privado ocorrido na semana passada.* (Falta de relação das ideias. O que o projeto das ciclovias tem a ver com a investigação do crime?)

Correção gramatical

A revisão dos aspectos gramaticais, sem dúvida, é fundamental para a excelência das produções textuais. A consulta aos dicionários para confirmar a grafia e a acentuação das palavras e a pesquisa das regras de pontuação, da concordância, da regência e da crase nas gramáticas da língua portuguesa não devem envergonhar ninguém. Pelo contrário, são uma demonstração do quanto o desempenho linguístico é produto de um trabalho cuidadoso com a linguagem, o qual exige tempo, empenho, conhecimento e prática contínua.

(.)
Ponto final

Neste capítulo, abordamos os conceitos de unidade, harmonia, clareza, concisão, coerência e correção gramatical, considerados requisitos fundamentais para garantir a qualidade dos textos. À medida que cada qualidade de estilo foi sendo explicada, diversos exemplos ilustraram essas ocorrências, a fim de que o leitor identificasse, nas suas produções textuais, se está alcançando o necessário desempenho linguístico exigido do público acadêmico.

Indicação cultural

FEITOSA, V. C. *Redação de textos científicos*. Campinas: Papirus, 2000.

Nessa obra, a autora evidencia que o importante no ato da escrita é a efetiva comunicação. Ela enfatiza que clareza, harmonia e lógica são elementos essenciais para a transmissão do conhecimento e propõe diretrizes práticas e técnicas específicas para o desenvolvimento da capacidade de expressão escrita.

Atividades

1. Considere o trecho:

   > Cerca de 20% dos brasileiros têm colesterol alto, embora o levantamento apresentado pela Sociedade Brasileira de Cardiologia. Os principais congressos nacionais são realizados para debates sobre esse tema.

   Fonte: Adaptado de Segatto; Mahmoud, 2008.

   Qual é o fator prejudicial à unidade desse texto?
   a. Conjunção indevida.
   b. Pontuação incorreta.
   c. Inversão inadequada de termos.
   d. Excesso de adjetivos.

2. Considere o trecho:

   > Rodrigo Santoro ganhou um novo papel em Hollywood. Neste filme, o ator fará um papel de homossexual e Jim Carrey fará o protagonista do filme.

   O que prejudica a harmonia desse trecho?
   a. Aliteração.
   b. Hiatismo.
   c. Cacofonia.
   d. Repetição de palavras.

3. Assinale a alternativa que apresenta um frase cuja disposição das palavras prejudica a clareza das ideias:
   a. Os defensores das cotas afirmam que o sistema é um caminho para corrigir distorções históricas.

b. Uma política baseada na cor da pele seria injusta no Brasil.
c. Dos mais pobres brasileiros são brancos 30%.
d. Dos brasileiros mais pobres, 30% são brancos.

4. Leia o texto a seguir.

> O combustível brasileiro não resolve tudo, mas pode ajudar países pobres a desenvolverem uma indústria que não necessariamente vai ocupar espaço de terra para o plantio, o desenvolvimento e a colheita de alimentos.

Fonte: Adaptado de Traumann, 2008.

A concisão do texto foi ferida, principalmente, porque:
a. apresenta palavras desnecessárias.
b. apresenta repetição de um mesmo fonema.
c. apresenta emenda de vogais.
d. apresenta excesso de *que*.

5. Em qual das alternativas a seguir a coerência foi afetada pela contradição de tempos verbais?
a. As agências perderam a força de outrora e não foram capazes de detectar com antecedência a crise do mercado.
b. No Brasil, o governo não só gasta muito, como aumenta dia a dia seus gastos desnecessariamente.
c. Antes ele fazia tudo. Editava vídeos, coordenava pesquisas, dirigia os programas de TV. Foi 100% com ele.
d. O médico trabalha em Rio Preto e sua experiência corrobora a versão da moça. Cabe a ele explicar melhor o que viu naquela noite.

(5)

Argumentação

Daniela Duarte Ilhesca
Débora Mutter da Silva

<u>N</u>este capítulo, vamos tratar da argumentação e da importância dela para a redação acadêmica, bem como da conquista de autoridade e credibilidade na difusão do conhecimento técnico adquirido durante a formação universitária.

Argumentação é um tópico muito importante em nossos estudos, pois o êxito do texto dissertativo ou acadêmico, de modo geral, depende muito do acerto na escolha e na distribuição dos argumentos.

Ouvimos falar muito em argumentação e temos uma ideia mínima sobre o que isso significa. Vejamos, então: O que é argumentar?

Argumentar é apresentar fatos, ideias, razões lógicas ou provas que ratifiquem uma afirmação, uma tese, isto é, uma proposição que se apresenta para ser defendida nas escolas superiores, em fim de curso.

Como podemos perceber, argumentar é uma necessidade típica da redação acadêmica. Não há como apresentar um estudo sem esse recurso. O mais importante, porém, é relembrar que só é capaz de encontrar bons argumentos aquele que tem amplo e profundo conhecimento do tema a ser tratado. Por isso, a importância da pesquisa bibliográfica prévia e da leitura.

Com isso, constatamos por que ninguém com conhecimento superficial sobre um assunto é capaz de reunir argumentos suficientes para comprovar a validade da sua tese, do seu ponto de vista, isto é, do seu discurso sobre qualquer assunto. É o grau de envolvimento que temos com certo tema ou circunstância que determina a nossa força persuasiva e discursiva.

Veja a seguinte frase: "Isso que você está dizendo não me convence, não é suficiente para mudar o meu DISCURSO".

Considere o uso que o autor da frase fez da palavra *discurso*. Entretanto, para o objetivo da redação acadêmica, essa palavra será entendida como "tecido textual", cuja unidade mínima é a frase, marcado pela vontade do sujeito-autor para influenciar o seu interlocutor-leitor na sua formação ideológica.

As pessoas possuem ideias que constituem sua ideologia particular. Porém, essas ideias são comuns a muitas pessoas, formando, assim, grupos discursivos dos quais fazemos parte mesmo sem nunca pensar sobre isso.

É por isso que, quando queremos defender uma ideia ou mesmo divulgar a pertinência do resultado de uma pesquisa, precisamos nos cercar de argumentos suficientes para amparar aquilo que desejamos informar ou concluir sobre um conjunto de ideias (ideologia) preexistente. É nessa linha de pensamento que ganham espaço os argumentos.

Um argumento, portanto, é:

- uma razão, um raciocínio que conduz à indução ou à dedução de algo;
- uma prova que serve para afirmar ou negar um fato;
- um recurso para convencer alguém, para lhe alterar a opinião ou o comportamento.

Diante disso, vemos que os argumentos surgem na etapa final de um percurso que se iniciou com as leituras sobre um assunto pesquisado e culminou com as interpretações e reflexões acerca de tais conhecimentos. Se, ao lermos um livro, encontramos ideias afinadas com o nosso ponto de vista, ou se encontramos ideias contraditórias, ou situações ilustrativas daquilo que desejamos afirmar, temos um conjunto de argumentos.

Com base nisso, a questão é como selecioná-los e organizá-los para obter um resultado mais eficaz. Afinal, esse conjunto de argumentos pode ser dividido em diversos tipos. Vejamos como é fundamental classificar ou apresentar os argumentos. A classificação deles depende de como podem auxiliar no raciocínio expositivo do argumentador, ou seja, do sujeito que elabora um texto argumentativo para se estabelecer como detentor de um saber ou de um poder. Sim, porque a linguagem bem articulada e argumentativamente bem estruturada nos dota de um tipo de poder, sendo uma espécie de conquista e liberdade.

Contudo, para que essa etapa fique mais clara, antes de classificar os argumentos, falaremos um pouco das características do texto dissertativo argumentativo.

Essa informação é fundamental, visto que a tipologia textual que mais requer argumentação é o texto dissertativo, embora em outros ela também se faça presente de forma mais sutil. No entanto, como o nosso objetivo é a redação acadêmica, vamos centrar o foco no texto dissertativo como modalidade privilegiada para a argumentação.

Diversos tipos de textos podem ser classificados como argumentativos, entretanto, dentro de uma tipologia textual mínima (descritivo, narrativo e dissertativo), o texto dissertativo é o mais frequente na redação acadêmica, mesmo quando ele compartilha espaço com o narrativo e com o descritivo em um relatório ou em um artigo.

Por isso, merece cuidado especial neste capítulo sobre argumentação, já que é no texto dissertativo que a estrutura argumentativa melhor se estabelece. E a incumbência de fazer uma dissertação pressupõe algumas decisões preliminares por parte de quem vai escrevê-la. Na vida acadêmica, geralmente o assunto é previamente definido, partindo de um tema amplo já delimitado. Após sabermos sobre o que vamos escrever (assunto delimitado), sempre surge uma aura problemática em torno do "como escrever".

Superadas as dificuldades formais quanto à temática, quanto à delimitação do assunto a ser abordado e quanto à estrutura do texto dissertativo, surge a preocupação com os argumentos.

Mas lembremos então o que é *dissertar*: é expor ideias de modo sistemático, abrangente e profundo a respeito de um determinado assunto.

É nesse sentido que dizemos que dissertar com variedade de argumentos é promover o debate de ideias subsidiadas pela análise de fatos, organizados de modo a convencer aquele que lê sobre o ponto de vista daquele que argumentou suficientemente.

Acompanhe o seguinte diálogo:

INEZ – *Não saberia mais viver sem a internet.*
FERNANDA – *Eu, também, pois não preciso nem mais ir ao banco pagar minhas contas.*
INEZ – *De jeito nenhum, não confio na internet para fazer transações bancárias!*
FERNANDA – *Mas então você não sabe aproveitar todos os privilégios dessa tecnologia.*

Como podemos ver, ao expormos ou defendermos nossa opinião sobre determinado assunto, contraditório ou não – sobre moda, futebol, política ou algum avanço científico ou tecnológico, entre outros –, estamos praticando a estrutura disssertativo-argumentativa. Se quiséssemos aproveitar os argumentos utilizados pelas duas jovens, poderíamos elaborar um excelente texto sobre comportamento na era tecnológica ou ainda sobre a relação entre a personalidade e as opções de operar com os recursos disponíveis.

No nosso possível texto dissertativo-argumentativo, escolheríamos um tópico a partir da delimitação pela qual optássemos (comportamento ou contradições da modernidade) e o DESENVOLVIMENTO estaria garantido com, no mínimo, dois argumentos, que foram os apresentados pelas participantes do diálogo.

Mas a verdade é que, quanto mais polêmico for o tema, mais precisaremos argumentar e defender nosso ponto de vista, ou seja, o nosso discurso.

E é essa mesma lógica ou estrutura que serve para apresentar um percurso reflexivo completo sobre um assunto, articulando ideias favoráveis ou divergentes, isto é, os prós e os contras. Vale dizer, essa é a mesma estrutura de um trabalho acadêmico.

Portanto, podemos dizer que dissertar é organizar textualmente e de forma crítica nosso pensamento sobre determinadas situações, com o questionamento ou com a nossa opinião sobre a realidade referida. Por isso, é indispensável que o texto dissertativo se estruture a partir da perspectiva do sujeito do discurso, sendo escrito na primeira pessoa (singular ou plural) ou na terceira pessoa (impessoal).

Mas voltemos à classificação dos argumentos. Desde a Antiguidade clássica, o homem se preocupa com o pensamento argumentativo e suas formas e se dedica a estudá-los. Para Aristóteles, um filósofo grego que viveu no século IV a.C., os argumentos se dividiam entre aqueles que eram estritamente lógicos e aqueles que eram considerados dialéticos ou prováveis.

Como podemos constatar, isso nos leva a considerar outra escala classificatória. Os argumentos estritamente lógicos são demonstráveis, já os demais são arguíveis, ou seja, aqueles que não têm a obrigatoriedade de serem lógica e rigorosamente comprovados, mas que podem agir sobre o espírito do interlocutor a fim de comovê-lo, motivá-lo, sensibilizá-lo ou dar-lhe uma predisposição para acompanhar de maneira mais flexível o raciocínio e as ideias do arguidor.

As ideias contrárias, ou seja, os "contras", quando bem aplicadas, conferem credibilidade ao conjunto argumentativo, pois o argumentador mostra ter domínio sobre as diversas perspectivas sobre o problema abordado. É por isso que uma estrutura argumentativa apoiada apenas em "prós" pode ficar mais vulnerável; o seu autor não demonstra dominar as ideias do seu interlocutor ou do seu oponente, reduzindo o seu poder de convencimento.

Podemos afirmar, assim, que a argumentação tem o poder de estabelecer o diálogo entre ideias. E é por essa mesma razão que, além de conhecer muito bem o assunto abordado, precisamos reconhecer o perfil do destinatário, ou seja, daquele que irá interagir com as ideias organizadas no texto.

Como podemos perceber, a argumentação não age apenas sobre evidências, mas também sobre a sensibilidade intelectual do interlocutor. Dessa forma, o grande desafio do redator de um texto argumentativo é garantir a coerência onde haja risco de dúvida ou ambiguidade; é encontrar sentido onde exista um paradoxo ou, até mesmo, dar sentido a algo aparentemente absurdo. Por isso, a classificação dos argumentos é tão relevante.

Embora os tipos de argumentos sejam muito variados, sendo quase impossível uma classificação estanque, podemos agrupá-los em tipos que podem ser levados a efeito a partir de proposições:

- COMPARATIVAS – Trazem situações semelhantes para ilustrar a validade das nossas ideias.
- DE AUTORIDADE – Manifestações ou resultados já consagrados de pessoas com mérito reconhecido na área em que estamos operando.
- A PRIORI OU EVIDENTE – Aplicar uma proposição já validada para outra ainda mais evidente; algo já afirmado ou estabelecido sem exame, análise ou verificação; pressuposto.
- CONTRÁRIA – Apresentar uma proposição já validada para a rejeição do seu contrário.

Tomemos agora o mesmo tema e o mesmo texto apresentado no capítulo sobre parágrafo-padrão e analisemos os seus argumentos:

> As novas tecnologias têm alterado significativamente as práticas e a formação de profissionais nos diversos segmentos sociais e alguns exemplos ilustram a abrangência de tais mudanças. Vejamos o caso da videoconferência. É uma solução recente, que permite aos usuários economia de tempo e de recursos, evitando deslocamento físico e redução nos gastos com viagens. Além disso, outra área bastante impactada é a educação: o ensino a distância agrega recursos tecnológicos, como a videoaula, entre outros, permitindo mudanças de hábitos e atitudes diante da formação intelectual. Também na área médica, a investigação e o tratamento de doenças ocorrem com o auxílio da informática, possibilitando resultados mais precisos. No entanto, deve-se ter um maior cuidado na utilização de serviços bancários pela internet, para não correr o risco de ter a conta bancária zerada. Por certo, esses são apenas alguns exemplos dessa nova realidade que devemos saudar, mas para a qual devemos estar preparados.

Introdução

Na introdução, há a delimitação do assunto: a inserção das novas tecnologias. A partir daí, com três argumentos positivos e um negativo, a autora compõe o desenvolvimento da introdução.

Desenvolvimento

No desenvolvimento, aparecem os argumentos favoráveis, ou "prós", e um contrário, ou "contra".

O PRIMEIRO ARGUMENTO POSITIVO valoriza a comodidade de podermos assistir a uma videoconferência sem a necessidade de deslocamento, propiciando, assim, a redução de gastos e de tempo.

O SEGUNDO ARGUMENTO POSITIVO é a possibilidade de estudarmos a distância por meio de videoaulas, entre outras possibilidades.

O TERCEIRO ARGUMENTO FAVORÁVEL é que, na área médica, a informática auxilia na investigação e no tratamento de doenças.

O ÚLTIMO ARGUMENTO É NEGATIVO, OU "CONTRA", pois alerta sobre o perigo da utilização de serviços bancários pela internet.

Conclusão

Na CONCLUSÃO, a autora do texto alerta sobre as circunstâncias, deixando na mão do leitor a responsabilidade das decisões.

Por fim, para arrematar a costura dos argumentos, observe a função dos articuladores textuais que unem cada ideia agregada à reflexão, introduzindo os argumentos como segue:

- 2º argumento: "além disso";
- 3º argumento: "também";
- 4º argumento: "no entanto".

(.)

Ponto final

Neste capítulo, apresentamos um percurso expositivo visando à apreensão dos aspectos argumentativos na redação de um texto dissertativo. Dedicamos um capítulo inteiro à ARGUMENTAÇÃO em razão de sua importância para a redação acadêmica em especial, quando precisamos divulgar o resultado de nossas pesquisas, ideias e convicções.

Além disso, caracterizamos os tipos e a natureza dos argumentos e vimos como é fundamental dominar o assunto sobre o qual vamos discorrer, avaliando a escolha e a articulação das ideias defendidas. Essas são habilidades que exteriorizam o conhecimento, dotando o acadêmico de poderes para a sua constante conquista da liberdade, ou seja, da autonomia que só adquirimos na boa conjugação do conhecimento técnico com o linguístico-textual.

Indicações culturais

POSSENTI, S. *Discurso, estilo e subjetividade*. 2. ed. São Paulo: M. Fontes, 2001.

Para ampliar as teorias e os conceitos organizados neste capítulo, sugerimos a leitura do livro *Discurso, estilo e subjetividade*. O autor, entre outros tópicos igualmente relevantes para a arte de bem escrever, dedica um capítulo para a argumentação, reunindo fragmentos textuais para ilustrar os problemas mais comuns para quem escreve.

SCHOPENHAUER, A. *A arte de escrever*. Porto Alegre: L&PM, 2007.

Como dica interessante, sugerimos a leitura do livro *A arte de escrever*. A obra é uma coletânea de cinco ensaios que tratam de leitura, escrita, estilo, crítica e pensamento literário e, apesar de ter sido escrito no século XIX, surpreende pela atualidade e pertinência das reflexões.

BRASIL ESCOLA. Disponível em: <http://www.brasilescola.com/redacao/a-argumentacao.htm>. Acesso em: 22 out. 2008.

Por fim, como terceira sugestão, indicamos uma visita ao *site* Brasil Escola, o qual detalha, aprofunda e classifica o conceito e a tipologia da argumentação.

Atividades

1. Assinale a alternativa correta quanto aos dois grandes grupos de argumentos reconhecíveis desde a Antiguidade:
   a. Os estritamente lógicos são prováveis.
   b. Os dialéticos são rigorosamente comprováveis.
   c. Os dialéticos podem comover o interlocutor.
   d. Os prováveis são demonstráveis necessariamente.

2. Assinale a alternativa que indica corretamente para que servem os argumentos:
   a. para classificar as ideias e unificá-las conforme nosso pensamento.
   b. para garantir a coerência e reduzir a imprecisão de nossas convicções.
   c. para estabelecer o sentido do absurdo.
   d. para encontrar o sentido do paradoxo.

3. Quanto à estrutura argumentativa de um texto, é correto afirmar que:
   a. o autor não precisa demonstrar amplo domínio no assunto.
   b. é recomendável que o autor reúna apenas os argumentos favoráveis ao seu ponto de vista.
   c. a apresentação de argumentos contrários às próprias ideias mostra o domínio que o autor tem sobre o tema abordado, reforçando a base argumentativa.

d. apenas a base argumentativa *a priori* é suficiente para defender qualquer ideia.

4. Quanto ao discurso, é possível afirmar que:
   a. na base de toda e qualquer argumentação há um discurso.
   b. são dois os grandes grupos discursivos.
   c. ao expor ideias de um modo sistemático e abrangente, nem sempre temos uma base discursiva.
   d. em um texto dissertativo, o discurso não é relevante.

5. Assinale a alternativa verdadeira:
   a. A tipologia textual que menos requer argumentos é a dissertação.
   b. Um recurso, uma prova ou uma razão servem como argumentos.
   c. A classificação adequada dos argumentos não é relevante.
   d. A pesquisa e o domínio do tema abordado não são relevantes se os argumentos forem bons.

(6)

Desempenho linguístico II

Mozara Rossetto da Silva

Vamos analisar neste capítulo o conceito e a aplicação da expressão *coesão textual*, um dos fatores essenciais na manutenção do sentido e da articulação dos textos.

O conceito de coesão está diretamente associado a termos como *união, ligação, tessitura,* e à CONEXÃO entre as várias partes de um texto. O "entrelaçamento" entre palavras, expressões, orações, períodos e parágrafos é quesito fundamental para uma escrita de qualidade, para garantir a transmissão eficaz da mensagem do emissor (redator ou falante) ao destinatário/receptor (leitor ou ouvinte).

Por meio do emprego apropriado de artigos, pronomes, adjetivos, determinados advérbios e expressões adverbiais, conjunções e numerais, estabelece-se a coesão dentro dos textos.

Observe essa aplicação no seguinte fragmento:

Texto 1

> ## *A escola*
>
> É no dia a dia escolar que crianças e jovens, enquanto atores sociais, têm acesso aos diferentes conteúdos curriculares, OS QUAIS devem ser organizados de forma a efetivar a aprendizagem. Para que ESTE OBJETIVO seja alcançado, cada ação pedagógica deve resultar em uma contribuição para o processo de aprendizagem de cada aluno.
>
> Escola inclusiva é a que garante a qualidade de ensino educacional a cada um de SEUS alunos, reconhecendo e respeitando a diversidade e respondendo a cada um DE ACORDO COM suas potencialidades e necessidades.
>
> Assim, uma escola somente poderá ser considerada inclusiva QUANDO estiver organizada PARA favorecer todos os alunos, independentemente de etnia, sexo, idade, deficiência, condição social ou qualquer outra situação.

Fonte: Brasil, 2004.

Os enunciados desse texto não estão distribuídos caoticamente, mas sim interligados entre si, e essa conexão não é fruto do acaso, mas das relações de sentido que existem entre eles. Essas relações de sentido são explicitadas por certas categorias de palavras, chamadas de *elementos de coesão*.

No texto "A escola", podemos observar a função de alguns desses elementos de coesão.

Releia este trecho:

> É no dia a dia escolar que crianças e jovens, enquanto atores sociais, têm acesso aos diferentes conteúdos curriculares, OS QUAIS devem ser organizados de forma a efetivar a aprendizagem. Para que ESTE OBJETIVO seja alcançado, cada ação pedagógica deve resultar em uma contribuição para o processo de aprendizagem de cada aluno.
>
> Escola inclusiva é a que garante a qualidade de ensino educacional a cada um de SEUS alunos [...].

Nesse trecho, as palavras destacadas são denominadas *anafóricos*, pois têm como função retomar elementos textuais já mencionados, sem reproduzir a mesma palavra ou expressão: *os quais* retoma a expressão *conteúdos curriculares*; *este objetivo* refere-se à ação de *efetivar a aprendizagem* e o pronome possessivo *seus* refere-se à expressão *escola inclusiva*.

Veja no trecho seguinte:

> [...] reconhecendo e respeitando a diversidade e respondendo a cada um DE ACORDO COM suas potencialidades e necessidades.
>
> ASSIM, uma escola somente poderá ser considerada inclusiva QUANDO estiver organizada PARA favorecer todos os alunos, independentemente de etnia, sexo, idade, deficiência, condição social ou qualquer outra situação.

As palavras destacadas são classificadas como *articuladores*, pois estabelecem relações de significado entre as orações e os períodos, tais como:

- DE ACORDO COM – sentido de conformidade ("segundo" suas potencialidades/"conforme" suas potencialidades);
- ASSIM – sentido conclusivo ("Então"/"Assim uma escola...");
- QUANDO – sentido de temporalidade ("no momento em que"/"assim que" estiver organizada OU sentido de condição (poderá ser considerada inclusiva "se"/ "desde que " estiver/esteja organizada);
- PARA – sentido de finalidade (organizada "a fim de"/ "com a finalidade de" favorecer todos os alunos);

Há, portanto, dois tipos principais de mecanismos de coesão :

- retomada de termos, expressões ou frases por meio do uso dos anafóricos;
- encadeamento de segmentos do texto pelo uso dos articuladores.

(6.1)
Coesão por retomada

A coesão pode se efetivar pela retomada de termos, expressões ou frases por meio de uma palavra gramatical, tal como pronomes, verbos, numerais ou advérbios, ou por meio de uma palavra lexical, que seria a substituição por um sinônimo ou por uma expressão correspondente.

Retomada por uma palavra gramatical
(pronomes, verbos, numerais, advérbios)

Observe o fragmento que segue, extraído do conto *A esfinge sem segredo*, de Oscar Wilde:

Texto 2

A esfinge sem segredo

Achava-me numa tarde sentado no terraço do Café Paz, contemplando o fausto e a pobreza da vida parisiense, a meditar, enquanto bebericava o meu vermute, sobre o estranho panorama de orgulho e miséria que desfilava diante de mim, quando ouvi alguém pronunciar o meu nome. Voltei-me e dei com os olhos em Lord Murchison. Não nos tínhamos tornado a ver desde que estivéramos juntos no colégio, havia isto uns dez anos, de modo que me encheu de satisfação aquele encontro e apertamos as mãos cordialmente. Tínhamos sido grandes amigos em Oxford. Gostaria dele imensamente. Era tão bonito, tão comunicativo, tão cavalheiresco. Costumávamos dizer dele que seria o melhor dos sujeitos, se não falasse sempre a verdade, mas acho que, na realidade, o admirávamos mais justamente por causa da sua franqueza. Encontrei-o muito mudado. Parecia inquieto, perturbado e em dúvida a respeito de alguma coisa. Senti que não podia ser o cepticismo moderno, pois Murchison era um dos conservadores mais inabaláveis e acreditava no Pentateuco com a mesma firmeza com que acreditava na Câmara dos Pares. De modo que concluí que havia alguma mulher naquilo e perguntei-lhe se ainda não se havia casado.

FONTE: WILDE, 2002.

Esse é o trecho inicial do conto, quando o narrador-personagem conta sobre o reencontro, após dez anos, com um ex-colega de escola. Ao longo da narração, são utilizadas diversas palavras que retomam vocábulos mencionados de forma explícita ou termos inferidos pelo contexto. Acompanhe a análise desses elementos coesivos:

> Achava-me numa tarde sentado no terraço do Café Paz, contemplando o fausto e a pobreza da vida parisiense, a meditar, enquanto bebericava o MEU vermute, sobre o estranho panorama de orgulho e miséria QUE desfilava diante de MIM, quando ouvi alguém pronunciar o MEU nome.

Neste primeiro período, destacamos os anafóricos:

- MEU (pronome possessivo) – retomando o NARRADOR EM PRIMEIRA PESSOA;
- QUE (pronome relativo) – retomando a expressão ESTRANHO PANORAMA DE ORGULHO E MISÉRIA;
- MIM (pronome pessoal oblíquo) – retomando o NARRADOR EM PRIMEIRA PESSOA.

Veja agora o seguinte trecho:

> Voltei-ME e dei com os olhos em Lord Murchison. Não nos tínhamos tornado a ver desde que estivéramos juntos no colégio, havia isto uns dez anos, de modo que me encheu de satisfação aquele encontro e apertamos as mãos cordialmente. TÍNHAMOS SIDO grandes amigos em Oxford. Gostaria DELE imensamente. ERA tão bonito, tão comunicativo, tão cavalheiresco.

Nesse trecho, os elementos coesivos são:

- ME (pronome pessoal oblíquo) – retomando O NARRADOR;
- DELE (fusão da preposição *de* + pronome pessoal *ele*) e ERA (verbo) – retomando LORD MURCHISON;
- TÍNHAMOS SIDO (verbo) – retomando um sujeito composto pelo NARRADOR E LORD MURCHISON.

Observe o último trecho:

> Costumávamos dizer dele que seria o melhor dos sujeitos, se não falasse sempre a verdade, mas acho que, na realidade, o admirávamos mais justamente por causa da SUA franqueza. Encontrei-O muito mudado. Parecia inquieto, perturbado e em dúvida a respeito de alguma coisa. SENTI que não podia ser o cepticismo moderno, pois Murchison era um dos conservadores mais inabaláveis e acreditava no Pentateuco com a mesma firmeza com que acreditava na Câmara dos Pares. De modo que CONCLUÍ que havia alguma mulher NAQUILO e perguntei-LHE se ainda não se havia casado.

Nesse último trecho, os elementos coesivos destacados são:

- SUA (FRAQUEZA) – pronome possessivo – refere-se a LORD MURCHISON;
- O – pronome pessoal oblíquo – refere-se a LORD MURCHISON;
- SENTI – verbo – refere-se ao narrador; CONCLUÍ – verbo – refere-se ao NARRADOR;

- NAQUILO – união da preposição *em* + pronome demonstrativo *aquilo* – refere-se ao ESTADO DE INQUIETUDE E PERTURBAÇÃO DEMONSTRADO PELO PERSONAGEM;
- LHE – pronome pessoal oblíquo – refere-se a LORD MURCHISON.

Retomada por uma palavra lexical

É a retomada de um termo por meio da sua substituição por um sinônimo ou por uma expressão correspondente.

Veja o exemplo:

> Um terremoto de 4,1 graus de magnitude na escala Richter foi registrado na quarta-feira à noite em frente ao litoral do Equador, no oeste do PAÍS, mas, até o momento, não há informações sobre vítimas ou danos materiais.
>
> O Instituto Geofísico informou hoje que o terremoto ocorreu às 22h18 de ONTEM (0h18 de Brasília de hoje) a 1,05 graus de latitude sul, a 81,40 graus de longitude oeste e a uma profundidade de 8,90 quilômetros.
>
> O instituto não tem informações de que o ABALO tenha sido sentido pela POPULAÇÃO.

FONTE: TERREMOTO..., 2008.

Os anafóricos destacados retomam termos já citados, substituindo-os:

- PAÍS – retoma e substitui EQUADOR;
- ONTEM – retoma e substitui QUARTA-FEIRA;
- ABALO – retoma e substitui TERREMOTO;
- POPULAÇÃO – retoma e substitui HABITANTES.

Essas trocas de palavras são muito importantes para garantir a qualidade dos textos, pois sem elas o texto fica repetitivo e demonstra falta de vocabulário e de revisão do autor. Comprove isso, comparando como seria o trecho anterior sem o recurso das substituições:

> Um TERREMOTO de 4,1 graus de magnitude na escala Richter foi registrado na QUARTA-FEIRA à noite em frente ao litoral do EQUADOR, no oeste do EQUADOR, mas, até o momento, não há informações sobre vítimas ou danos materiais.
>
> O Instituto Geofísico informou hoje que o TERREMOTO ocorreu às 22h18 de QUARTA-FEIRA a 1,05 graus de latitude sul, a 81,40 graus de longitude oeste e a uma profundidade de 8,90 quilômetros.
>
> Os HABITANTES não chegaram a se assustar, pois o TERREMOTO não foi sentido pelos HABITANTES.

Observaram como a qualidade ficaria prejudicada? O leitor imediatamente identifica essa sequência de repetições, as quais são perfeitamente passíveis de trocas. Basta que o autor, após a revisão, elabore substituições adequadas ao contexto.

(6.2)
Coesão por encadeamento de segmentos textuais

Na língua portuguesa, existem determinados operadores discursivos responsáveis pela conexão/concatenação entre os segmentos do texto. São exemplos desses articuladores ou nexos: *e, mas, porque, ou, então, quando, conforme, assim que*, entre muitos outros.

Cada um desses articuladores, além de ligar as partes do textos, estabelece entre elas uma relação semântica (de adição, oposição, causalidade, conclusão etc). Quando se escreve, é necessário selecionar o nexo apropriado ao sentido que se quer exprimir, visando à elaboração da argumentação.

Este mês consegui um trabalho extra, porém as contas a pagar ainda superam o salário.

Porém é o articulador adequado a esse período, porque contrapõe elementos com orientação argumentativa contrária: o trabalho extra deveria liquidar as contas a pagar, mas não foi o que ocorreu. Há uma contradição entre o primeiro e o segundo argumento; portanto, o articulador que deve demonstrar essa relação de oposição de ideias é o *porém*.

Seria descabido substituir o *porém* por *então* ou *porque*, que indicam, respectivamente, conclusão e causa, pois, com esses articuladores, a argumentação continuaria na mesma linha de raciocínio, contrariando o sentido que o período deseja expressar.

Os nexos não são elementos vazios que possam ser permutados uns pelos outros sem critérios, pois o uso inadequado resulta em paradoxos semânticos.

É fundamental que se defina o sentido que se deseja passar no momento da produção do texto, para que se saiba qual articulador deve ser selecionado a fim de estabelecer a correta conexão entre palavras, orações, períodos ou parágrafos.

Alguns articuladores estabelecem relações de sentido diferentes, dependendo do contexto de aplicação.

Acompanhe as diversas aplicações do articulador *como*:

- *Pedro é inteligente <u>como</u> a irmã* (relação de COMPARAÇÃO entre dois elementos: *Pedro é tão inteligente quanto a irmã*);
- *<u>Como</u> Pedro já havia avisado, amanhã não teremos aula* (relação de CONFORMIDADE: *<u>Conforme</u> Pedro já havia avisado, amanhã não teremos aula*);
- *<u>Como</u> Pedro não estudou o suficiente, foi mal na avaliação* (relação de CAUSALIDADE: <u>Porque</u> PEDRO NÃO ESTUDOU O SUFICIENTE, FOI MAL NA AVALIAÇÃO).

Vamos verificar mais algumas aplicações dos articuladores:

- Articuladores que estabelecem uma relação de ADIÇÃO, de acréscimo de argumentos: *e, também, ainda, nem, não só... mas também, além de, além disso* etc. Esses operadores indicam o desenvolvimento do discurso, e não a repetição do que já foi dito. Devem ser usados quando a sequência introduzida por eles indicar uma progressão, quando estiverem acrescentando um dado novo.

A prova apresentou um nível intermediário de dificuldade <u>e</u>, com atenção, os alunos conseguiram resolver todas as questões. A prova apresentou um nível intermediário de dificuldade, <u>além de</u> exigir de atenção para responder às questões.

- Articuladores que estabelecem uma relação de DISJUNÇÃO, de alternância de ideias: *ou... ou, ora... ora, quer... quer, seja... seja* etc.

Todos devem realizar a prova do Enem: <u>seja</u> o aluno aplicado, <u>seja</u> o aluno com maior dificuldade de aprendizagem.

- Articuladores que estabelecem uma relação de OPO-SIÇÃO, que contrapõem enunciados com argumentos contrários. Podem ser conjunções adversativas (*mas, porém, todavia, contudo, no entanto, entretanto*) ou conjunções concessivas (*embora, ainda que, apesar de, mesmo que*).

Cada área apresenta entre 10 e 11 questões, <u>no entanto</u>, na prova de química, foram solicitadas apenas 2 questões.
<u>Embora</u> cada área apresente entre 10 e 11 questões, na prova de química, foram solicitadas apenas 2 questões.

- Articuladores que estabelecem uma relação de causalidade ou explicação: *porque, pois, que, já que, visto que, uma vez que* etc.

Os professores que realizaram a correção do Exame Nacional do Ensino Médio (Enem) afirmaram que a prova deste ano foi similar às dos anos anteriores, <u>visto que</u> apresentou o mesmo nível de dificuldade.

- Articuladores que estabelecem uma relação de COMPARAÇÃO de superioridade, inferioridade ou igualdade entre dois elementos: *como, assim como, tal qual, tanto quanto, mais que, menos que* etc.

Os professores desta escola são <u>tão</u> bons <u>quanto</u> os da escola em que cursei o ensino fundamental.

- Articuladores que estabelecem uma relação de CONDIÇÃO, de possibilidade, hipótese: *se, caso, desde que, quando, contanto que* etc.

> *Se o aluno já possui o hábito da leitura, poderá encontrar, na nossa biblioteca, livros infantis, almanaques e revistas.*

- Articuladores que estabelecem uma relação de FINALIDADE: *para, para que, a fim de, com o objetivo de, com o intuito de* etc.

> *Para incentivar o hábito de leitura, a Secretaria de Educação de São Paulo já adquiriu 223 títulos de literatura infantil.*

- Articuladores que estabelecem uma relação de CONFORMIDADE: *conforme, segundo, de acordo com, como* etc.

> *Segundo informação da Secretaria de Educação de São Paulo, o investimento para aquisição de livros é de R$ 67 milhões.*

- Articuladores que estabelecem uma relação de TEMPORALIDADE: *quando, logo, enquanto, no momento que, assim que* etc.

> *Quando for esclarecida a real participação do aluno no tumulto, definiremos o que será feito.*

- Articuladores que estabelecem uma relação de CONCLUSÃO: *portanto, então, logo, assim* etc.

> *Foi esclarecida a real participação do aluno no tumulto, portanto, serão tomadas as devidas providências.*

É considerável a quantidade de conectores à disposição dos usuários da língua portuguesa. Agora que arrolamos os principais e explicamos sua função coesiva, vamos analisar um trecho em que aparecem os elementos de coesão estudados. A utilização tanto dos anafóricos quanto dos articuladores confere aos textos coesão, concisão e clareza, qualidades indispensáveis para as produções orais e escritas.

Texto 3

> ## A defesa de liberdade de imprensa no Brasil
>
> A defesa intransigente da liberdade de imprensa é um compromisso histórico e fundamental da Associação Nacional de Jornais, assumido DESDE SUA fundação. E nem poderia ser diferente. Para nós, que temos o honroso papel de informar diariamente o país, a liberdade é um elemento vital, sem O QUAL fica definitivamente comprometido o sentido da NOSSA atividade. Sem a liberdade de informação e opinião, fica comprometida a democracia e todas as instituições DELA derivadas.
>
> Por isto, é com grande alegria e satisfação que a ANJ se une à Unesco neste lançamento da Rede em Defesa da Liberdade de Imprensa e abre esta série de encontros regionais COM O OBJETIVO DE debater O TEMA e disseminar SUA importância.

FONTE: SIROTSKY, 2005.

Elementos de coesão utilizados:

- DESDE – articulador que expressa TEMPORALIDADE;
- SUA – anafórico que retoma ASSOCIAÇÃO NACIONAL DE JORNAIS;
- E – articulador que expressa ADIÇÃO de informação;
- O QUAL – anafórico que retoma ELEMENTO VITAL;
- NOSSA – anafórico que retoma NÓS (os que têm o honroso papel de informar diariamente o país);
- DELA – anafórico que retoma DEMOCRACIA;

- COM O OBJETIVO DE – articulador que expressa FINALIDADE;
- TEMA – anafórico que retoma LIBERDADE DE IMPRENSA;
- SUA – anafórico que retoma a palavra TEMA.

(.)
Ponto final

Como vimos neste capítulo, palavras ou frases soltas não são suficientes para formar um texto. Para isso, é necessário que as partes deste mantenham uma ordenação e uma relação entre si, que estejam de acordo com o sistema linguístico e transmitam a coerência que o autor deseja demonstrar. Essa ordenação é alcançada pela coesão, a qual se estabelece por meio do emprego apropriado de artigos, pronomes, adjetivos, determinados advérbios e expressões adverbiais, conjunções e numerais – termos ou expressões que funcionam ora como anafóricos, retomando e referindo termos ou trechos já citados, ora como articuladores, fazendo as conexões e transmitindo diferentes sentidos.

Indicações culturais

COSTA VAL, M. da G. *Redação e textualidade*. São Paulo: M. Fontes, 2006.

Nessa obra, a autora procura condensar os aspectos relevantes de coesão textual, aplicando-os à análise de redações, na tentativa de estabelecer um diagnóstico do problema e levantar sugestões para o aprimoramento da expressão escrita.

SHEIBEL, M. F.; VAISZ, M. L. (Org.). *Artigo científico*: percorrendo caminhos para sua elaboração. Canoas: Ed. da Ulbra, 2007.

Nesse manual, além dos conhecimentos técnicos e metodológicos necessários à correta elaboração de artigos acadêmicos, é oferecido a alunos e professores um capítulo específico sobre coesão textual, destacando-se o papel dos anafóricos e dos articuladores como elementos que caracterizam esse fator de textualidade. O objetivo é compreender o conceito de coesão textual, reconhecer e analisar o funcionamento dos anafóricos e dos articuladores na construção do sentido em um texto.

Atividades

Considere o trecho a seguir para responder às questões 1 a 5:

> Desde 1997 a ANJ mantém seu Programa de Defesa da Liberdade de Imprensa, com o objetivo de desenvolver ações para garantir a liberdade de informação e opinião no Brasil e denunciar qualquer tipo de ameaça ao livre exercício da nossa atividade.
> Este Programa é hoje uma referência nacional e internacional, com relatórios anuais que denunciam violações praticadas contra este princípio constitucionalmente consagrado, contra seus profissionais e os veículos de comunicação. Temos sido, portanto, durante todos esses anos, os porta-vozes diante do resto do mundo de tudo aquilo que diga respeito à liberdade de imprensa no Brasil.
>
> Fonte: Sirotsky, 2005.

1. É um articulador que expressa TEMPORALIDADE:
   a. "desde" (linha 1).
   b. "com o objetivo de" (linha 2).
   c. "para" (linha 3).
   d. "contra" (linha 9).

2. No trecho "ações para garantir a liberdade de informação e opinião no Brasil [...]", o articulador poderia ser substituído por:
   a. *porém.*
   b. *portanto.*
   c. *a fim de.*
   d. *enquanto.*

3. O anafórico "este princípio" retoma:
   a. "referência nacional e internacional".
   b. "relatórios anuais".
   c. "liberdade de imprensa".
   d. "violações".

4. Na linha 9, o pronome possessivo "seus" é:
   a. um articulador que indica adição de informações.
   b. um articulador que indica conclusão.
   c. um anafórico que retoma "imprensa".
   d. um anafórico que retoma "Brasil".

5. No período: "Temos sido, PORTANTO, durante todos esses anos, os porta-vozes diante do resto do mundo de tudo aquilo que diga respeito à liberdade de imprensa no Brasil.", o articulador destacado expressa uma relação de:
   a. comparação.
   b. temporalidade.
   c. causalidade.
   d. conclusão.

(7)

Resumo e resenha

Daniela Duarte Ilhesca
Débora Mutter da Silva

Trataremos aqui da importância do resumo e da resenha como modalidades textuais para a redação acadêmica.

Essas duas formas textuais guardam semelhanças tão significativas que não só permitem como também exigem que as trabalhemos de um modo comparativo e contrastivo. Mas antes vamos falar do quanto o resumo e a resenha estão presentes no nosso cotidiano e na nossa forma de interagir com as pessoas do nosso convívio.

(7.1)

O ato de resumir

Mesmo que não percebamos, resumir é um ato inevitável e necessário na vida prática. São muitas as situações do cotidiano que nos exigem o pensamento conciso. Por exemplo: notícias de jornais, relato entre amigos ou mesmo no trabalho.

É grande a importância do RESUMO para a exposição de conteúdos mais extensos na forma de textos. Antes, porém, é importante lembrar que resumir é algo que fazemos diária e quase automaticamente na fala. São inúmeras as situações no nosso dia a dia que exigem relatos sucintos de acontecimentos mais longos.

Diariamente, fazemos uso dessa forma textual, que surge da necessidade de ajuste de tempo e de espaço. Quando lemos um livro e queremos nos referir a ele, nunca é possível recuperá-lo na sua integridade. É, portanto, a ideia central do livro que interessa reproduzir. Mas a verdade é que não apenas livros podem se submeter ao resumo.

Encontramos nos jornais comentários sobre filmes, peças de teatro, eventos artísticos, *vernissages* etc. Contudo, de fato, para a vida acadêmica, é o livro ou o texto escrito a peça elementar, porque é sobre a escrita que nos interessa refletir.

É, dessa forma, a noção de resumo como produção textual que queremos fixar. Podemos conceituá-lo como a apresentação concisa dos pontos mais importantes de um texto. Sua característica principal é a fidelidade às ideias do autor.

Como percebemos, a noção de FIDELIDADE indica que a interpretação daquela pessoa que vai resumir deve ser objetiva, isto é, ela não vai misturar as suas ideias com as do autor, pois o resumo não deve alterar INFORMAÇÕES ESSENCIAIS da obra a ser resumida.

Este é o grande desafio do ato de resumir: a FIDELIDADE ao texto original. Afinal, a obra não pertence ao autor do resumo, que deve se estruturar com lógica e organicidade sem perder de vista as LINHAS DE FORÇA traçadas pelo autor do texto original. Essa organicidade faz do resumo um novo texto dotado de coesão e coerência, isto é, tem autonomia, porém sem a introdução de elementos novos.

O resumo mantém a estrutura de base e o fio condutor do texto original – introdução, desenvolvimento e conclusão –, mostrando, entretanto, um CUNHO PESSOAL, na medida em que reproduz os conceitos, as informações e as ideias fundamentais do texto resumido na perspectiva da ASSIMILAÇÃO INDIVIDUAL daquele que vai redigi-lo.

Resumir é expor, em poucas palavras, o que o autor expressou de uma forma mais extensa. O ato de resumir textos ajuda a apreender aquilo que realmente é importante em uma leitura. Portanto, o maior esforço é no sentido de discernir entre o que é acessório e o que é fundamental, relacionando as ideias entre si de forma sintética. Adquirindo a habilidade de resumir, teremos facilidade ao estudar os diferentes enfoques de um mesmo tema, uma vez que saberemos encontrar as ideias mais relevantes e empregá-las melhor na estrutura argumentativa de um estudo.

Para a maioria das pessoas em qualquer nível de ensino, resumir é simplesmente recortar, copiar e colar partes de um texto. Todavia, essa ideia é equivocada, visto que o resumo não é uma simples redução de parágrafos, frases e palavras. Ele é, sobretudo, uma produção textual sintética cuja base é o conteúdo de outro texto de proporções maiores.

Resumir não significa recortar frases ou partes de frases do texto original, e sim reescrever o texto com as próprias palavras, destacando o que realmente é essencial. Sendo assim, para resumir um texto é preciso compreendê-lo como um todo (Cunha, 2000).

Nesse sentido, sutilmente, percorre a noção de resumo a ideia de sinônimo ou de paráfrase, pois é possível, de um ponto de vista linguístico-textual, afirmar que: "Dois enunciados são sinônimos se, e somente se, têm as mesmas condições de verdade, se nenhum pode ser verdadeiro sem que o outro também o seja" (Ducrot; Todorov, 1998, p. 261).

É aí que entram as questões da ASSIMILAÇÃO INDIVIDUAL: certos aspectos da obra original ganharão destaque na visão daquele que elabora o resumo. O ato de resumir textos pressupõe a assimilação da leitura. Somente quem leu e apreendeu o conteúdo poderá discernir para relacionar as ideias de forma sintética. Há dois tipos de resumo, como veremos a seguir.

1. Resumo indicativo: apresenta apenas pontos essenciais que caracterizam o original.
2. Resumo informativo: apresenta dados qualitativos ou quantitativos.

Vejamos o resumo a seguir:

> *O pintor de retratos* é uma obra de ficção que narra as aventuras de Sandro Lanari, um pintor italiano que desprezava a arte da fotografia. Vem para o Sul no final do século XIX, pensando em se estabelecer na pintura. Andando pelo Pampa gaúcho, é feito prisioneiro pela Revolução de 1893 e obrigado a se transformar em fotógrafo sob pena de ser degolado.

Qualquer pessoa que tenha lido o livro reconhecerá nesse brevíssimo fragmento a síntese da trajetória do herói do romance. Com base nesse texto, ninguém poderá dizer: isso não é verdade. Não se trata, portanto, de um resumo INFORMATIVO, e sim de um resumo INDICATIVO. E podemos fazer isso com qualquer texto.

Exatamente por essa razão é tão importante adotar uma técnica a fim de preservar aquilo que realmente é interessante transmitir sobre a obra. Tecnicamente, o resumo é a exposição sucinta das ideias principais de um texto – e de seu autor –, sem a inclusão de juízos. Não devemos, dessa forma, manifestar gosto ou contrariedade pelo conteúdo resumido, embora essa tarefa seja um pouco difícil.

Via de regra, somos levados a manifestar nosso gosto pessoal. Por isso, existem modalidades textuais sobre as quais o RESUMO se molda. As mais representativas são o RESUMO propriamente dito, a RESENHA e a RECENSÃO. Cada uma, ao seu modo, atende a diversas finalidades acadêmicas e/ou simplesmente expressivas. Mas existem TÉCNICAS para o resumo como base das demais formas.

As seguintes etapas devem ser observadas para que o resultado seja satisfatório.

Ao resumir um artigo ou ensaio, por exemplo, além de informar os dados bibliográficos, é essencial observar os seguintes passos:

1. Em primeiro lugar, realizamos uma detida leitura, para conhecer o TEMA e o OBJETIVO GERAL do artigo.
2. Em seguida, uma segunda leitura servirá para idenficarmos a IDEIA PRINCIPAL DO TEXTO.
3. Na sequência, em outra leitura selecionaremos a IDEIA CENTRAL de cada parágrafo, que deverá ser resumido para formarmos um único período.

4. Por fim, tomamos essas ideias e seus períodos e os articulamos em um texto coeso e coerente.

Para que o resultado seja satisfatório, as seguintes etapas precisam ser observadas:

1. Fazer uma primeira leitura atenta para apreender o assunto, e outras tantas quantas forem necessárias, para selecionar as ideias principais do texto (tema e objetivo geral).
2. Anotar o que for mais relevante, em especial, as palavras-chave, que encerram as ideias fundamentais, as quais devem ser grifadas para que possam servir de ponto de partida para o resumo.
3. Elaborar um primeiro resumo de cada parágrafo e, na sequência, fazer um resumo do resumo, para que as ideias sejam bem sintetizadas.
4. Realizar uma leitura atenta durante cada etapa, para verificar se estão sendo mantidas a coerência e a sequência lógica entre os parágrafos resumidos, a fim de fazer ajustes à ideia do original.
5. Ser fiel às ideias do autor do original, sem opinar, pois o resumo não é um comentário crítico.

No caso de um livro, devemos seguir a mesma orientação com relação aos capítulos ou partes: encontrar as ideias principais dos capítulos e articulá-las em um texto coeso e coerente.

A estrutura de apresentação do resumo depende da finalidade à qual se destina. Se o resumo tiver como propósito a elaboração de fichas de leitura apenas para organizar o conhecimento adquirido nas pesquisas, poderá ser na seguinte forma:

> Autor. TÍTULO. Edição (somente a partir da segunda). Local: editora, ano de publicação. Número de páginas.

Veja o exemplo a seguir:

BRASIL, Luiz Antonio de Assis. <u>O pintor de retratos</u>. 2. ed. Porto Alegre: L&PM, 2003. 168 p.

Porém, se o resumo atende a uma exigência acadêmica, os dados bibliográficos podem estar no início, no fim ou distribuídos no corpo do texto resumido. O critério poderá ser definido pelo professor solicitante. No entanto, o mais importante é observar as etapas de elaboração.

(7.2)
O ato de resenhar

A partir desta seção, falaremos sobre a RESENHA, uma forma textual que causa certa dúvida quando o leitor não compreende a diferença entre resumir e resenhar, pois alguém só pode opinar sobre aquilo que compreendeu e apreendeu.

A resenha constitui-se na apreciação subjetiva de um texto, um objeto, um livro, uma peça teatral, um filme etc. Assim, ela informa, comenta e difunde a avaliação de produções, eventos e objetos artísticos. Sua função é antecipar características e orientar o gosto, propiciando "dicas" e influenciando as opiniões de cada pessoa sobre o objeto avaliado, valorizando-o ou depreciando-o.

Ela também é muito utilizada em trabalhos acadêmicos, com a finalidade de avaliar os conteúdos e a recepção de leituras dos estudantes sobre determinada obra. Também é útil no levantamento particular que os acadêmicos/estudiosos fazem para fixar os conteúdos, as impressões e as linhas de força de uma obra.

Do ponto de vista estrutural, a resenha apresenta as mesmas partes do resumo. A grande diferença é que ela apresenta uma AVALIAÇÃO CRÍTICA, ou seja, uma opinião, uma manifestação subjetiva, pessoal, sobre o conteúdo ou sobre a informação do texto original. Veja a sequência:

1. título;
2. referência bibliográfica da obra;
3. dados bibliográficos do autor da obra resenhada;
4. resumo ou síntese do conteúdo;
5. avaliação crítica.

Para elaborar uma resenha, é necessário dar atenção à sua TEMÁTICA, à sua MENSAGEM e ao seu OBJETIVO. Devido à sua característica descritiva e subjetiva, é preciso cuidar para não torná-la muito longa e exaustiva. É importante ter em mente o público e a finalidade da resenha. Na resenha crítica, o resenhador fará apreciações, julgamentos, comentários e juízos sobre o assunto.

Para elaborar uma resenha, é necessário ter:

- atenção à temática;
- atenção à mensagem;
- atenção ao objetivo.

Como podemos constatar, a resenha é uma forma de resumo, isto é, não deixa de ser um resumo. É um resumo quanto à forma, pois se parte de um texto-base, mas, além de resumir, faz uma avaliação sobre o texto-base ou mesmo sobre o objeto-alvo, uma crítica apontando os aspectos positivos e os negativos. Trata-se, portanto, de um texto de informação e de opinião, também denominado de *recensão crítica*.

Existe também a RECENSÃO TÉCNICA, que vem a ser a elaboração de um único texto que contém a síntese de mais de uma obra, ou seja, a apresentação de dois resumos ou mais, com a opinião ou não sobre um mesmo assunto. Geralmente, após o levantamento bibliográfico de uma pesquisa, o aluno reúne em um único capítulo a exposição dos conhecimentos teóricos adquiridos. Nessa etapa, ele, além de articular as informações, poderá posicionar-se sobre elas. Essa é a base da recensão.

(.)
Ponto final

No presente capítulo, conhecemos as características e as técnicas de elaboração de duas modalidades textuais muito importantes para a vida acadêmica: o resumo e a resenha. O resumo, por ser a base elementar para várias formulações e finalidades, mereceu destaque. Ele nos auxilia em várias etapas de estudo que antecedem a elaboração de um trabalho acadêmico. Durante uma leitura, naturalmente, adotamos uma forma resumida para organizar o novo conhecimento, seja em fichas de leitura, seja em anotações pessoais. Porém, o resumo é também uma modalidade textual muito requisitada na vida acadêmica, tendo até mesmo uma tipologia mínima: trata-se do resumo indicativo e do resumo informativo.

A resenha, por sua vez, é também uma espécie de resumo, porém de natureza avaliativa, pois serve para veicular a opinião de quem a elabora. Quanto à recensão, podemos dizer que surge do cotejamento de vários resumos sob a perspectiva de quem a elabora, em especial, nos trabalhos de conclusão de curso.

A partir de agora, quando você estiver lendo jornais, revistas etc., tente identificar as modalidades textuais cuja base foi um RESUMO ou uma RESENHA. Do mesmo modo, tente identificar quando o texto que você está lendo dialoga com vários outros textos, caracterizando a recensão.

Indicação cultural

MUTTER, D.; BRAGA, M. A. Resumo e resenha. In: ULBRA (Org.). *Comunicação e expressão*. Curitiba: Ibpex, 2008. p. 129-152.

CUNHA, S. F. da et al. *Tecendo textos*. 2. ed. Canoas: Ed. da Ulbra, 2000.

Não deixe de ler o capítulo de resumo e resenha das professoras Débora Mutter e Maria Alice Braga contido no livro *Comunicação e expressão*. Sugerimos também a leitura do livro *Tecendo textos*, cujos autores apresentam uma abordagem bastante ilustrativa das etapas a serem vencidas para a elaboração de um resumo, com base na análise de textos com temáticas variadas.

CAMINHOS DA LÍNGUA: Língua Portuguesa e Literatura. Disponível em: <http://www.caminhosdalingua.com.br/Resenha.html>. Acesso em: 22 out. 2008.

Além disso, indicamos a visita ao *site* Caminhos da língua, que traz subsídios para a elaboração de resumo, resenha e fichamento.

Atividades

1. O ato de resumir implica:
   a. expor, de forma prolixa, o que o autor expressou de forma mais extensa.
   b. elaborar um único texto que contenha a síntese de mais de uma obra.
   c. manifestar uma opinião pessoal sobre o conteúdo ou sobre a informação do texto original.
   d. expor concisamente o que o autor expressou de forma mais extensa.

2. A função de uma resenha é:
   a. expor o que o autor expressou de forma mais extensa.
   b. elaborar um único texto que contém a síntese de mais de uma obra.
   c. resumir uma obra e manifestar uma opinião pessoal sobre o conteúdo ou sobre a informação do texto original.
   d. avaliar o texto-base ou mesmo o objeto-alvo.

3. Na resenha, é necessário ter:
   a. apenas atenção à temática.
   b. atenção à temática e à mensagem.
   c. somente atenção à temática e ao objetivo.
   d. atenção à temática, à mensagem e ao objetivo.

4. Qual a modalidade textual apresentada no trecho a seguir?

> O filme *Escritores da liberdade* (Freedom Writers, EUA, 2007) aborda o desafio da educação em um contexto social problemático e violento. Tal filme se inicia com uma jovem professora, Erin (interpretada por Hilary Swank), que entra como novata em uma instituição de "ensino médio", a fim de lecionar Língua Inglesa e Literatura para uma turma de adolescentes considerados "turbulentos", inclusive envolvidos com gangues.

Fonte: Valis, 2007.

a. Resumo.
b. Resenha.
c. Recensão.
d. Recensão técnica.

5. Qual a modalidade textual apresentada no trecho a seguir?

> Nesse sentido, o filme *Escritores da liberdade* merece ser visto com apreço, sobretudo pela sua ênfase no papel da educação como mecanismo de transformações individuais e comunitárias. Com essas considerações, vê-se que a educação, como já ressaltaram grandes educadores da estirpe de Paulo Freire, tem um papel indispensável no implemento de novas realidades sociais, a partir da conscientização de cada ser humano como artífice de possíveis avanços em sua própria vida e, principalmente, em sua comunidade.

Fonte: Valis, 2007.

a. Resumo.
b. Resenha.
c. Recensão.
d. Recensão técnica.

Artigo e ensaio

Daniela Duarte Ilhesca
Débora Mutter da Silva

<u>N</u>este capítulo, trataremos dos conceitos de dois tipos de textos cujas estruturas são indispensáveis na vida acadêmica, bem como das peculiaridades que os caracterizam e os diferenciam. Um trabalho de pesquisa ou um trabalho de conclusão de curso, dependendo dos critérios e das exigências institucionais, podem ter sua finalização por meio de uma destas duas formas textuais: O ARTIGO e O ENSAIO.

Escrever um artigo científico e um ensaio não é uma tarefa muito diferente do que escrever, por exemplo, uma dissertação, pois exige planejamento e não é uma atividade que pode ser produzida em poucos minutos. Primeiramente, há necessidade de se encontrar uma temática a ser desenvolvida, uma busca de ideias e, além disso, ter conhecimento sobre a estrutura desses tipos de textos acadêmicos.

Quase toda a escrita acadêmica decorre de um projeto de pesquisa. Este segue duas tipologias:

1. revisão de literatura;
2. pesquisa com coleta de dados.

O projeto de revisão de literatura gira em torno de um assunto e da pesquisa sobre o conhecimento preexistente sobre ele. Portanto, o seu objetivo é explorar profunda e minuciosamente toda a bibliografia disponível.

Já um trabalho com coleta de dados pode utilizar informações já pesquisadas por outras pessoas (dados secundários) ou dados colhidos pelo próprio pesquisador por meio de entrevistas com os sujeitos do estudo (dados primários).

Todo universitário, pelo menos uma vez, redigirá um artigo científico e um ensaio, por isso, antes de iniciarmos as explicações, vejamos um conceito básico de cada uma dessas formas.

O ARTIGO CIENTÍFICO trata de problemas científicos, embora de extensão relativamente pequena. Apresenta o resultado de estudos e pesquisas e, em geral, é publicado em revistas, jornais ou outro periódico especializado.

O ARTIGO se constrói em torno de um problema, chegando a um resultado final. Após pesquisa e estudos, atendendo às finalidades acadêmicas de avaliação, poderá destinar-se à publicação em revistas, jornais ou outro periódico especializado, estimulando sua ampliação com vistas a divulgar o resultado alcançado.

(8.1)
Artigo científico

Antes de iniciar a escrita de um artigo, é preciso realizar um planejamento básico, para que algumas questões possam ser respondidas. Por isso, todo artigo científico tem como base um projeto de pesquisa. As interrogações a seguir dão o rumo da temática e da futura pesquisa:

- Qual a temática? (Sobre o que vamos escrever);
- Qual a finalidade da publicação? (É para pós-graduação, seminário, exigência de alguma disciplina, entre tantas outras);
- Para quem se destina o texto? (Por exemplo: para alguma comunidade de uma área específica, acadêmicos, banca de pós-graduação);
- Qual o foco do estudo? O que revisar e detalhar?

Ao responder a esses questionamentos, temos o conteúdo de um projeto. O material a seguir apresenta esquematicamente as etapas de um projeto de pesquisa. Apresentamos na sequência as seções que são comuns aos dois tipos de pesquisa já mencionados (revisão bibliográfica e coleta de dados).

Seções do projeto de pesquisa comuns à revisão bibliográfica e à coleta de dados

CAPA: modelo institucional.
FOLHA DE ROSTO: modelo institucional.
SUMÁRIO: é um índice das partes constituintes, indicando as páginas correspondentes.
APRESENTAÇÃO (OU INTRODUÇÃO): apresenta o tema escolhido, explicando o assunto (conceitos centrais para o entendimento

> do tema) e o tipo de pesquisa realizada (revisão de literatura ou pesquisa de campo). Além disso, deve indicar as razões da escolha do tema.
> JUSTIFICATIVA: explica a importância do estudo e a sua contribuição para o conhecimento disponível.
> REVISÃO DE LITERATURA: articula a fundamentação teórica do tema escolhido e o conhecimento atual disponível sobre o assunto.
> OBJETIVOS: apresenta os objetivos gerais e específicos

Todos esses dados precisam ser enquadrados em um texto, geralmente na modalidade dissertativa, pois é uma redação acadêmica, isto é, científica, e requer certa estrutura, para que as ideias não se repitam nem nos esqueçamos de escrever sobre algo muito importante. Segundo Salvador (1986, p. 24), "os artigos científicos, que constituem a parte principal de revistas, são trabalhos científicos completos em si mesmos, mas de dimensão reduzida, já que não possuem matéria suficiente para um livro".

Há várias possibilidades de se escrever um artigo de acordo com a finalidade a que ele se destina. Basicamente, a estrutura mais adequada para a organização estrutural de um artigo divide-o em algumas seções, como veremos a seguir. Vale acrescentar, também, que a organização do conteúdo das seções é variável.

Vamos ver agora uma sugestão de organização mais completa.

1. Título
2. Autores e vínculo institucional
3. Resumo
4. Introdução

5. Desenvolvimento
6. Conclusão
7. Referencial bibliográfico

Vamos repassá-los agora, um a um, para que possamos conhecê-los melhor, mas, antes, não se esqueça de que o estilo do trabalho deve ser claro, conciso, objetivo, com linguagem correta, coerente, precisa, por que não dizer, simples e escrito em terceira pessoa.

Título

Um título diz tudo, é a referência principal ao trabalho. Por isso, um título adequado possui poucas palavras, o necessário para descrever adequadamente o conteúdo do artigo. Clareza e pertinência, nesse aspecto, são premissas básicas, pois é por meio de um título que todos tomam conhecimento do trabalho publicado.

Autores e vínculo institucional

Nome completo dos autores seguido do vínculo (universidade) de cada um. Se o artigo tiver mais de um participante, não há uma regra fixa quanto à ordem dos nomes, mas, normalmente, optamos pela ordem alfabética.

Resumo

É um parágrafo que possui, normalmente, até 250 palavras. É o primeiro contato que o leitor tem com o trabalho, após a leitura do título, e acaba por atrair a atenção dele e dos outros que forem ler. De forma concisa, apresenta a temática, os objetivos do trabalho, aonde se conseguiu chegar, mas sem apresentar os resultados propriamente ditos, caso contrário, o leitor poderá ficar satisfeito apenas com o resumo. O resumo nunca menciona informação ou conclusão que não estejam presentes no texto. Ele deve ser um dos últimos elementos a ser construído no artigo, pois retoma tudo o que já foi exposto.

Além disso, fazemos o *abstract*, uma versão do resumo em língua estrangeira. Por uma questão de proporção, ele deve possuir tamanho e significado compatíveis com o resumo em língua materna. Algumas línguas são mais concisas que outras, mas é inaceitável que o resumo e o *abstract* contenham divergências.

Por vezes, ainda há inclusão de um conjunto de PALAVRAS-CHAVE que caracterizam e identificam o artigo. Elas existem para facilitar a pesquisa em meios eletrônicos.

Introdução

A tessitura da introdução é extremamente relevante. Dessa forma, desde o início do trabalho científico, o leitor tem de ser informado do conteúdo do trabalho a ser desenvolvido. A finalidade e os objetivos também são destacados, pois propiciam uma visão ampla da temática abordada. Além disso, as principais contribuições e conclusões merecem destaque ao introduzirmos o que será tratado no decorrer do artigo. De modo geral, a introdução apresenta:

- o tema, o objeto de estudo;
- o ponto de vista sob o qual o assunto foi abordado;
- trabalhos anteriores que enfocam a mesma temática;
- as justificativas que levaram à escolha do tema, o problema de pesquisa, a hipótese de estudo, o objetivo pretendido, o método proposto, a razão de escolha do método e os principais resultados.

Desenvolvimento

Dando continuidade, o desenvolvimento é a parte principal e mais extensa do trabalho e deve apresentar, conforme prática de todo e qualquer texto dissertativo, as informações comentadas a seguir:

- A FUNDAMENTAÇÃO TEÓRICA não deve aprofundar muito a revisão bibliográfica, mas apresentar dela apenas o que for relevante para o entendimento do percurso realizado e também para embasá-lo. Não se deve utilizar mais do que a metade do número de páginas para isso, pois sobrará pouco para se apresentar o que é realmente relevante.

> Na revisão bibliográfica, predomina a modalidade textual da RECENSÃO. Trata-se de uma estrutura que, conforme vimos no capítulo anterior, organiza sinteticamente o conhecimento teórico resultante da pesquisa e as ideias resumidas de seus respectivos autores. Portanto, não devem ser transcritas partes extensas ou textos na íntegra destes sem a devida referência autoral, pois isso caracteriza plágio. Além disso, é fundamental o movimento de autoria, ou seja, que fique claro que o autor do artigo tem pleno domínio dos conhecimentos internalizados.

- A METODOLOGIA deverá explicar claramente os procedimentos usados para solucionar o problema, bem como cada etapa desses procedimentos.
- E, por fim, os principais resultados serão apresentados, ou seja, aqueles que ilustram de modo coerente os objetivos apresentados na introdução.

Conclusão

Para finalizar, a conclusão deve responder às questões da pesquisa, correspondentes aos objetivos e às hipóteses, ou demostrar que a hipótese não pode ser comprovada. Deve ser breve, podendo apresentar recomendações e sugestões para trabalhos futuros, para artigos de revisão. Para tanto, alguns pontos devem aparecer. São eles:

- resumo mínimo do que o artigo apresentou;
- principais resultados e contribuições;
- comentários sobre a importância do estudo;
- dicas para o uso prático do trabalho: como os resultados dos experimentos podem ajudar na prática.

Referencial bibliográfico

As informações sobre as referências bibliográficas devem ser corretas, completas e específicas, devendo-se observar as normas da Associação Brasileira de Normas Técnicas (ABNT).

Informações obrigatórias: autores, título do artigo (livro), nome da conferência ou revista (editora), volume e número para artigos de revista, ano de realização (publicação).

Veja o que Moro (2005) comenta sobre as referências bibliográficas:

> *Tente incluir referências do mesmo ano (ou ano anterior) para ilustrar que o tópico é atual e de interesse da comunidade. Além disso, procure incluir artigos de conferências e revistas, assim como livros, e não apenas sites da internet. Todas as obras listadas no conjunto de referências devem ser mencionadas no texto, e vice-versa.*

# (8.2)

Ensaio

O ensaio é uma exposição metódica dos estudos realizados e das conclusões originais a que se chegou após o apurado exame de um assunto. Ou seja, é a apresentação detalhada do estudo empreendido, com a exposição de uma ou mais conclusões originais no final do percurso.

O vocábulo *ensaio* significa "experiência, exame, prova, tentativa". Segundo Moisés (1974), "designa um espécime literário de contorno indefinível. Como o próprio nome evidencia, torna-se praticamente impossível estabelecer com rigorosa precisão os limites do ensaio". Daí que os estudiosos do assunto tendem a reunir sob idêntica denominação obras até mesmo contrastantes (Montenegro, 2009).

Apesar dessa falta de exatidão, o mesmo autor apresenta duas ramificações para os tipos de ensaio:

1. INFORMAL – Caracteriza-se pela liberdade criadora. Temos como exemplo maior Montaigne[a].
2. FORMAL – Caracteriza-se pela seriedade dos objetivos e pela lógica. Há exemplos abundantes desse tipo na área das letras e da filosofia, entre os quais podemos citar os cinco ensaios de Arthur Schopenhauer, no livro a *Arte de escrever*, já citado no capítulo sobre a argumentação.

---

[a]. Michel Eyquem de Montaigne foi um filósofo e humanista francês (1533-1592). Escreveu e publicou a primeira edição em 1580 da obra clássica intitulada *Ensaios*. Trata-se de três volumes em um total de 107 capítulos, nos quais o autor aborda diversificados temas. Entre estes não há um encadeamento lógico óbvio, porém todos são voltados à existência humana. Foi assim que ele inaugurou o próprio gênero *ensaio* e demarcou suas peculiaridades.

Quanto à extensão e ao assunto, o ensaio é breve no geral, diferenciando-se do tratado (que é mais exaustivo e longo). Ele deve conter a discussão livre e pessoal de um assunto qualquer, sem ser exaustivo e sem esgotar o assunto, sobretudo. Deverá prevalecer a originalidade e o espírito crítico do autor.

(.)
Ponto final

Neste capítulo, apresentamos aspectos importantes sobre o artigo científico e sobre o ensaio, duas modalidades necessárias e exigidas durante a vida acadêmica. As habilidades adquiridas com essas duas formas textuais auxiliam no desempenho das atividades acadêmicas e contribuem para o aprimoramento da vida intelectual como um todo.

Foram destacadas as características formais e estruturais desses dois gêneros, com detalhamento de suas partes essenciais, objetivando que o aluno consiga encontrar os nexos que, nessa etapa, valorizam e dão relevância ao estudo dos capítulos precedentes. É assim que o conteúdo do parágrafo-padrão, do desempenho linguístico, da coesão, da coerência, bem como das técnicas de leitura necessárias à revisão bibliográfica e do resumo, como parte integrante do artigo, adquirem o seu real significado e importância na composição do conteúdo geral estudado até aqui.

Indicações culturais

MONTAIGNE, M. de. *Os ensaios*. São Paulo: M. Fontes, 2000.

Para ir além e ampliar o conhecimento sobre as formas da modalidade *ensaio*, sugerimos a leitura dessa obra de Michel de Montaigne.

ULBRA (Org.). *Instrumentalização científica*. Curitiba: Ibpex, 2008.

Sugerimos a leitura do caderno universitário *Instrumentalização científica*, da Ulbra, pois, com ele, o aluno poderá familiarizar-se com os aspectos temáticos, formais e estruturais das formas textuais abordadas neste capítulo, bem como com as normas da ABNT.

Atividades

1. Quanto ao artigo, podemos afirmar que:
    a. é um texto científico, contudo não precisa manter uma estrutura.
    b. é um texto com dimensão reduzida.
    c. há conteúdo suficiente para se transformar em um livro.
    d. o texto narrativo prevalece nesse tipo de produção.

2. Quanto ao título de um artigo, podemos afirmar que:
    a. é a referência principal do trabalho.
    b. deve englobar várias palavras.
    c. não tem a clareza e a pertinência como premissas básicas.
    d. deve ser prolixo.

3. Quanto ao resumo de um artigo, podemos afirmar que:
   a. deve conter dois parágrafos que tenham mais de 250 palavras.
   b. deve conter um parágrafo que tenha mais de 600 palavras.
   c. deve conter um parágrafo que tenha, normalmente, até 250 palavras.
   d. não há delimitação quanto ao número de palavras.

4. O ensaio é:
   a. um projeto de pesquisa.
   b. um espécime literário de contorno definível.
   c. um espécime literário de contorno indefinível.
   d. similar a uma monografia.

5. Assinale a alternativa correta quanto ao ensaio:
   a. O modelo formal caracteriza-se pela liberdade criadora.
   b. O modelo informal caracteriza-se pela seriedade dos objetivos e pela lógica.
   c. É um trabalho exaustivo no geral.
   d. Deve conter a discussão livre e pessoal de um assunto qualquer.

(<u>9</u>)

Relatório

Daniela Duarte Ilhesca
Débora Mutter da Silva

Neste capítulo, vamos falar sobre o RELATÓRIO, uma espécie de redação que, além de ser muito frequente em outras áreas, em especial as áreas administrativa e empresarial, é fundamental para a REDAÇÃO ACADÊMICA.

Quase todos os cursos universitários, em algum momento ou no final, exigem que seus alunos elaborem e apresentem um relatório, seja sobre atividades desenvolvidas, seja sobre o estágio realizado. Em síntese, não é possível para um acadêmico desconhecer e, principalmente, não dominar as bases indispensáveis de conteúdo de um relatório, a sua estrutura e, principalmente, a linguagem adequada à redação de um relatório.

Sem dúvida, são muitos os aspectos que envolvem o relatório como forma textual, porém, aqui, a ênfase estará centrada na LINGUAGEM mais adequada ao relatório acadêmico, pois a REDAÇÃO é o que nos importa. O RELATÓRIO é o relato expositivo pelo qual alguém apresenta o essencial de sua própria atividade ou de um grupo ao qual pertence, expondo os resultados de atividades variadas.

Quanto aos TIPOS DE RELATÓRIO, eles podem ser muito variados, dependendo sempre da área e da finalidade a que se destinam:

- informativo;
- individual ou coletivo;
- simples ou complexo;
- parcial ou completo;
- periódico ou eventual;
- técnico, administrativo, econômico, científico etc.;
- de especificações técnicas;
- de gestão;
- de atividades;
- de pesquisa;
- de estágio.

Com base no conceito, na extensão e na enumeração de tipos, constatamos que o ponto fixo no objetivo de um relatório é dar conhecimento de fatos, disponibilizar informações ou subsidiar dados que possibilitem o acompanhamento, a avaliação ou a tomada de decisões de outras pessoas.

Além disso, ele poderá também se transformar em um documento de pesquisa para o futuro, porque, depois de lido e examinado, poderá ser arquivado, vindo a servir a futuros pesquisadores.

O relatório relata, ou seja, NARRA, DESCREVE e ENUMERA. Perseguindo essa ideia, vemos que o relatório é um documento preliminar, ou seja, ele antecede decisões e avaliações por meio do ponto de vista daquele que o elabora, isto é, a seleção dos elementos inseridos terá algum grau de subjetividade que informará a postura do seu autor.

Por essa razão, é tão importante a elaboração redacional de um relatório, pois ele não se limita à simples enumeração de dados. É importante que o alinhamento dos fatos relatados ou observados se articule com clareza e objetividade, já sinalizando, além da atitude do relator, a sua capacidade.

Vejamos o que é preciso considerar para a elaboração de um bom relatório:

- extensão;
- linguagem;
- redação;
- objetividade;
- conclusão.

Todos esses itens são importantes, porém, como a nossa preocupação é a redação acadêmica, vamos priorizar a linguagem, a redação e a objetividade, que dizem respeito ao desenvolvimento do relatório.

Primeiramente, vamos ver algo sobre a extensão e a conclusão; em seguida, trataremos resumidamente dos demais tópicos.

Extensão

A própria finalidade do relatório pressupõe agilidade, pois ele geralmente é feito para sintetizar, ou seja, para economizar o tempo da pessoa a quem ele se destina. Nesse sentido, os acontecimentos que demandaram um tempo maior, como a experiência de um estágio de dois meses, aparecerão de forma sintética, isto é, resumida, e os dados devem ser enumerados objetivamente.

Por isso, a extensão deve estar intimamente ligada à relevância dos fatos relatados e à finalidade a que se destina o relatório, evitando sempre a extensão excessiva, que está ligada à falta de objetividade.

Conclusão

Todo relatório apresentará uma conclusão como encerramento de um percurso que também foi reflexivo para o seu autor. Ele poderá confirmar suspeitas, sugerir providências, modificar convicções anteriores e contribuir para mudança de práticas e decisões.

Linguagem

A linguagem deve ser, sobretudo, clara e direta, atendo-se às informações relevantes e eliminando as digressões subjetivas, pois, assim, estará garantida a objetividade. Devem ser evitados termos ambíguos ou inadequados, por mais atraentes que pareçam. Para tanto, é fundamental a consulta ao dicionário sempre que haja a mínima possibilidade de duplo sentido. Quando houver necessidade de incluir ilustrações ou gráficos, estes devem aparecer como anexos, sendo apenas indicados no corpo do texto.

Redação

Devemos dar preferência à ordem direta da sintaxe, evitando, ao máximo, o esforço interpretativo do leitor. Nesse sentido, ganham importância a boa pontuação e o cuidado com a ortografia correta. Se o assunto ou a área a que o relatório se destina for específica, devemos adotar, na medida do possível, os termos técnicos usuais na linguagem específica. Sempre que for dirigido a um leigo, devemos fazer uso de recursos explicativos, como as expressões *isto é* e *ou seja* ou mesmo orações explicativas introduzidas pelos relativos.

> *A metalinguagem, que é um recurso que explica a própria linguagem, é muito frequente em textos acadêmicos e técnicos.*

Objetividade

Todos esses cuidados garantem a objetividade, pois, ao evitar rodeios, floreios de linguagem, evitamos também a fuga ao objetivo do relatório e mantemos a sua qualidade essencial, que deve ser a clareza. Faz parte também da objetividade a precisão das informações, não deixando dúvidas quanto aos problemas, aos números, às cifras e às estatísticas. Por isso, a exatidão das fontes deve ser conferida com muito zelo.

Vejamos agora os principais passos para a ELABORAÇÃO de um RELATÓRIO.

Antes de redigi-lo, o autor deve elaborar um esquema, respondendo a estas perguntas: "O quê?", "Por quê?", "Quem?", "Onde?", "Quando?", "Como?" e "A que tudo isso leva?"

De posse das respostas a essas interrogações, temos todos os elementos necessários à redação de um relatório, a qual deve obedecer a uma ordem lógica e linear, na sequência das questões respondidas, facilitando a sua leitura.

Assim, o relatório é dividido em partes distintas, em que ficam disponíveis os dados necessários à análise de quem o solicitou ou a que se destina.

Essa etapa é a da redação ou montagem de um relatório, que deve conter os seguintes elementos:

- Título – Deve dar a ideia do todo sem ser extenso, a síntese é a sua maior qualidade.
- Objeto – Refere-se à apresentação do problema em torno do qual o trabalho se organiza.
- Delimitação – Menciona-se o que deixou de ser abordado.
- Texto principal – Traz observações, dados, números, comentários.
- Conclusões – Contém interpretação dos resultados e constatações.
- Sugestões – Aparecem com as conclusões ou logo em seguida. Trata-se de recomendações de providências, investigações, observações, novos estudos, alternativas etc. As seções, as partes, os capítulos, as subdivisões de capítulos, os itens e os subitens de um relatório devem obedecer a uma numeração linear e de fácil apreensão.
- Referências – São fontes de pesquisa e consulta, trabalhos, pessoas entrevistadas etc. Devem aparecer resumidamente no corpo do trabalho, em indicação breve. No caso de livros, devem constar o nome do autor e o ano da publicação, havendo o cuidado de, no final, referenciar a bibliografia consultada de acordo com as normas da ABNT.

Desse modo, o relatório é dividido em partes distintas, nas quais constam todos os dados necessários à análise de quem o ler. A estrutura básica de um relatório constitui-se das seguintes partes:

- Capa – Deve conter o nome da organização, o título do trabalho, o setor que o elaborou, a data e o nome do autor;
- Folha de rosto – Repete o que contém a capa.
- Sumário – Apresenta duas colunas separadas por um pontilhado, ocupando todo o espaço justificado da página; a da esquerda traz os títulos das divisões e subdivisões do relatório; a da direita contém os números das páginas.
- Introdução – Apresenta e justifica o tipo de relatório, informando as linhas de força dele à compreensão do leitor, o redator-relator. A finalidade do relatório deve ser escrita em linguagem clara e objetiva.
- Desenvolvimento – Definido o tipo de relatório, o redator-relator classifica e seleciona as informações. Ele descreve, narra ou disserta, levando em consideração os seguintes aspectos:
  - justificativa;
  - apresentação e demonstração dos fatos;
  - apreciação e/ou explicação;
  - análise de problemas;
  - enumeração de dados;
  - informações gerais.
- Conclusão – Nessa etapa, o autor pode fazer a sua inserção, sugerindo soluções para os problemas que levaram à elaboração do relatório, apresentando alternativas ou constatações.
- Anexos – São elementos complementares à descrição e ao desenvolvimento do relatório, tais como: fotografias, tabelas, organogramas, mapas, gráficos etc. para elucidar, ampliar ou ilustrar as questões referidas no desenvolvimento.

(.)
Ponto final

Neste capítulo, vimos como é importante conhecer e dominar a estrutura de um relatório para a produção de textos acadêmicos. Além disso, destacamos os conceitos e os TIPOS DE RELATÓRIO, os quais podem ser muito variados, dependendo sempre da área e da finalidade a que se destinam. A definição do objetivo do relatório ganha importância na medida em que, sabendo a sua finalidade de modo preciso, melhor será o trabalho do relator.

Destacamos a importância da elaboração redacional do relatório, uma vez que esta não se limita à simples enumeração de dados. A seleção e a ordem expositiva deles são determinantes da própria ação do relator, já que se torna decisivo o alinhamento dos fatos observados e relatados ao destinatário. O encadeamento dos dados e dos aspectos deve primar pela clareza e pela objetividade por parte do redator. Por essa mesma razão, o desenvolvimento do relatório deve ter uma linguagem clara e direta para atingir o seu objetivo de forma mais exata.

Indicação cultural

MARTINS, D. S.; ZILBERKNOP, L. S. *Português instrumental*. 22. ed. Porto Alegre: Sagra Luzzatto, 2002.

Sugerimos essa leitura com vista a ampliar as noções presentes neste capítulo e consolidar os conceitos sobre a importância do relatório na vida acadêmica. A autora apresenta a estrutura do relatório e, em linhas gerais, as ideias desenvolvidas por ela ampliam os conteúdos até aqui abordados.

Atividades

1. Qual é o objetivo de um relatório?
   a. Possibilitar conhecimento de fatos, disponibilizar informações ou subsidiar dados que possibilitem o acompanhamento, a avaliação ou a tomada de decisões de outras pessoas.
   b. Diagnosticar somente problemas em um determinado segmento da sociedade.
   c. Apenas relatar dados.
   d. Informar problemas detectados.

2. Quanto à extensão do relatório, podemos afirmar que:
   a. a agilidade não é necessária, pois ele não é sintético.
   b. a objetividade torna-se item fundamental na confecção dessa modalidade textual.
   c. a subjetividade torna-se item fundamental na confecção dessa modalidade textual.
   d. a prolixidade é o seu principal item.

3. Quanto à redação do relatório, podemos afirmar que:
   a. não há preferência pela ordem direta da sintaxe.
   b. quando o relatório for destinado a um leigo, devemos priorizar termos técnicos.
   c. devemos evitar o esforço interpretativo do leitor.
   d. não há necessidade da metalinguagem.

4. Assinale a alternativa correta:
   a. A folha de rosto é diferente da capa.
   b. No desenvolvimento aparece a justificativa do tipo de relatório.
   c. Na introdução, destacamos a apresentação e a demonstração dos fatos.

d. Na conclusão, o autor poderá fazer a sua inserção, sugerindo soluções para os problemas que levaram à elaboração do relatório, apresentando alternativas ou constatações.

5. Assinale a alternativa correta quanto aos elementos de um relatório:
   a. O título deve ser rebuscado, para sugerir que o trabalho é complexo.
   b. As seções, as partes, os capítulos e as subdivisões de capítulos, itens e subitens de um relatório não devem obedecer a uma numeração.
   c. As referências vêm antes da conclusão.
   d. As sugestões devem aparecer com as conclusões ou na sequência.

(10)

Monografia

Daniela Duarte Ilhesca
Débora Mutter da Silva

Nesta seção, abordaremos a monografia, a modalidade de maior extensão entre as mais frequentes na vida acadêmica e também uma espécie de culminância deste livro, pois todo o conteúdo dos capítulos anteriores confluem e concorrem para a boa elaboração dessa produção textual.

A etimologia da palavra já indica do que se trata: *monos* = "um" e *graphein* = "escrever". Portanto, *mono* + *grafia* significa um trabalho sobre um único tema, que deve ser explorado com método, rigor e profundidade, sendo vertido em uma redação de linguagem clara e objetiva. Como qualquer trabalho acadêmico, a monografia deve ter uma redação clara e estruturada com base em normas técnicas.

Segundo Lakatos e Marconi (1992, p. 237), *monografia* é um "trabalho sistemático e completo sobre um assunto particular, usualmente pormenorizado no tratamento, mas não extenso no alcance".

Diante disso, podemos dizer que a monografia constitui-se em um trabalho que, de acordo com Lima (1999, p. 18), observa e acumula observações, bem como as organiza e procura estabelecer relações e regularidades existentes entre elas; utiliza, de forma inteligente, as leituras e as experiências para comprovação; comunica seus resultados às pessoas, faz indagações sobre os seus porquês; tem um objetivo.

Ao referirmos o acúmulo e a organização de observações, estabelecendo relações e regularidades, precisamos remeter-nos ao abordado no capítulo sobre RESUMO, RESENHA e RECENSÃO. Isso é fundamental porque as noções e os conceitos envolvidos nessas práticas são importantes para essa etapa do trabalho monográfico. Devemos também nos lembrar da importância da leitura para a escrita clara e concisa e para a ARGUMENTAÇÃO do trabalho.

A monografia depende dos objetivos do pesquisador e do tipo de problema que enfoca, podendo-se utilizar dois tipo de fontes:

1. FONTES PRIMÁRIAS – São documentos e objetos que efetivamente deram origem aos acontecimentos relatados ou descritos pelo pesquisador.
2. FONTES SECUNDÁRIAS – São livros, relatos, RELATÓRIOS, testemunhos já elaborados por outros acerca de documentos e objetos ligados ao estudo.

A estrutura monográfica possui partes obrigatórias e algumas que são opcionais, que se caracterizam como elementos pré-textuais, textuais e pós-textuais.

(10.1)
Elementos obrigatórios

Vamos conhecer, a partir desta seção, os elementos obrigatórios de uma monografia. Eles se dividem em elementos pré-textuais, textuais e pós-textuais, como veremos na distribuição a seguir:

1. Elementos pré-textuais – São todas as partes que antecedem o corpo do trabalho:
   - capa;
   - folha de rosto;
   - folha de aprovação (obrigatório em trabalhos de conclusão de curso – TCCs, dissertações, teses);
   - resumo na língua vernácula (obrigatório em TCCs, dissertações, teses);
   - resumo em língua estrangeira (obrigatório em TCCs, dissertações, teses);
   - sumário.
2. Elementos textuais – São as partes essenciais, ou seja, o corpo do trabalho:
   - introdução;
   - desenvolvimento;
   - conclusão.
3. Elementos pós-textuais – Como diz o nome, são as partes que devem ser alinhadas após o corpo do trabalho:
   - obras consultadas.

(10.2)
Elementos opcionais

Veja a seguir a distribuição dos elementos opcionais de uma estrutura monográfica. Considere que, como o próprio nome indica, nem todos precisam aparecer no texto:

- errata;
- dedicatória;
- agradecimento;
- epígrafe;
- lista de ilustrações;
- lista de abreviaturas;
- lista de símbolos;
- glossário;
- anexos;
- apêndices.

A disposição do texto depende da natureza da pesquisa e da quantidade de informações a serem apresentadas e da articulação dos argumentos definidos pelo autor. Portanto, nem sempre será necessário que constem todos os elementos, mas, por questão didática, relacionamos todos, para que os alunos tomem conhecimento da ordem correta e façam uso deles, quando necessário.

A ordem usual dos elementos na apresentação da monografia é a relacionada a seguir:

1. Elementos pré-textuais:
    - capa (obrigatório);
    - folha de rosto (obrigatório);
    - errata;
    - folha de aprovação (obrigatório em TCCs, dissertações, teses);

- dedicatória;
- agradecimento;
- epígrafe;
- resumo na língua vernácula (obrigatório em TCCs, dissertações, teses);
- resumo em língua estrangeira (obrigatório em TCCs, dissertações, teses);
- lista de ilustrações;
- lista de abreviaturas;
- lista de símbolos;
- sumário (obrigatório).

2. Elementos textuais: (partes obrigatórias)
   - introdução;
   - desenvolvimento (corpo do trabalho) – dividido em capítulos e subcapítulos;
   - conclusão.
3. Elementos pós-textuais:
   - obras consultadas;
   - glossário;
   - apêndice;
   - anexos.

(10.3)
Elementos pré-textuais

A seguir, alinhamos a descrição dos elementos pré-textuais de uma estrutura monográfica:

- CAPA – Nome da instituição, nome(s) do autor(es), título do trabalho, local e data.
- FOLHA DE ROSTO – Deve conter os seguintes elementos: Nome do(s) autor(es), título do trabalho, tipo de

trabalho, finalidade do trabalho, nome da instituição, nome da disciplina, nome do professor ou orientador, local e data.
- ERRATA – A errata torna-se fundamental em trabalhos em que houver consertos relativos à apresentação gráfica (erros de digitação, erros ortográficos, termos trocados etc.). Pode estar em folha avulsa ou encartada, adicionada ao trabalho após a impressão, com dimensões reduzidas ou não, disposta logo após a folha de rosto, e deve conter a indicação da página e da linha em que se encontra o problema, além da indicação: *onde se lê*, para o que está errado, e *leia-se*, para o que deve ser o correto.
- FOLHA DE APROVAÇÃO – Segue após a folha de rosto e é obrigatória em todos os trabalhos que serão submetidos a uma banca examinadora, tais como: TCCs, dissertações de mestrado, teses de doutorado.

Segundo Furasté (2006, p. 87) a folha de aprovação deve conter:
- nome do autor;
- título (por extensão) e subtítulo (se houver);
- natureza do trabalho;
- objetivo visado pelo trabalho;
- nome da instituição a que o trabalho é submetido;
- área de concentração;
- data da aprovação;
- nome e titulação dos componentes da banca examinadora e instituição a que pertencem;
- data de aprovação.
- DEDICATÓRIA – Espaço utilizado para dedicar o trabalho ou fazer uma homenagem a uma pessoa por quem temos muito apreço, alguém que participa de modo especial da nossa vida, normalmente, pai, mãe, marido, filhos etc.
- AGRADECIMENTOS – Torna-se aconselhável agradecer a todas as pessoas que, de forma direta ou indireta,

participaram da trajetória vivenciada na construção da monografia. É adequado explicitar o motivo do agradecimento, porém de forma bem concisa.
- Epígrafe – É um elemento opcional. Normalmente, utiliza-se uma pequena frase, um pensamento, um pequeno poema, uma parte de um poema ou letra de música, um versículo bíblico, que apresente vínculo com o conteúdo do trabalho, a fim de provocar reflexão. A epígrafe também pode abrir capítulos; nesse caso, coloca-se sempre no início de cada capítulo.
- Vale ressaltar que a dedicatória, os agradecimentos e a epígrafe devem aparecer em folha separada, mas não existe determinação por parte da ABNT de como posicioná-los na folha, embora haja uma preferência geral de fazê-lo na parte inferior da folha, deslocando os textos para o lado direito.
- Resumo – Segundo Furasté (2006, p. 97):

Trata-se da apresentação fiel, breve e concisa dos aspectos mais relevantes do trabalho, apresentando as ideias essenciais, na mesma progressão e no mesmo encadeamento que aparecem no texto. Deve exprimir, em estilo objetivo, uma visão geral, ampla e, ao mesmo tempo, clara e objetiva do conteúdo do trabalho e das conclusões a que se chegou.

A elaboração do resumo não deve ultrapassar 500 palavras e, na sequência, aparecem as palavras-chave.
- Resumo em língua estrangeira – Consiste na passagem do resumo e das palavras-chave para outra língua.
- Listas – Quando houver, no texto produzido, gráficos, tabelas, quadros, fotografias e figuras, estes devem estar relacionados no início do trabalho, em uma estrutura semelhante ao sumário, com a identificação do elemento, seu título e o número da página em que se encontra no texto.

- SUMÁRIO – É o espaço disponível para a localização dos assuntos desenvolvidos no corpo do trabalho. De acordo com Furasté (2006, p. 103), "o sumário deve conter o indicativo numérico de cada seção, o título da seção e a paginação, separados por uma linha pontilhada".

(10.4) Elementos textuais

A partir deste ponto do texto, seguem esclarecimentos que facilitarão a escrita da introdução, do desenvolvimento e da conclusão da monografia.

A introdução do trabalho científico

Introdução é a apresentação sintética do conteúdo geral. É uma explicação inicial acerca do texto já elaborado e leva o leitor à compreensão mais precisa da temática desenvolvida. Por isso, a introdução deve:

- apresentar o assunto de forma clara e precisa;
- delimitar o assunto já apresentado, ou seja, indicar o ponto de vista que será enfocado no trabalho, a temática desenvolvida. Pode ser feita por meio de uma pergunta que será respondida no desenvolvimento do trabalho (Becker et at., 1992);
- justificar o tema, isto é, o porquê da escolha do referido tema ou enfoque, a motivação pela escolha;
- contextualizar o assunto no tempo e no espaço, isto é, relacioná-lo com o que já foi escrito sobre a matéria brevemente (Becker et at., 1992);

- ressaltar a importância do tema;
- apresentar os objetivos do trabalho de pesquisa;
- expor a estrutura do trabalho: apresentação dos capítulos de acordo com a sequência do sumário;
- explicar a metodologia adotada na realização da pesquisa.

O desenvolvimento do trabalho científico

O desenvolvimento corresponde ao texto propriamente dito. É a fundamentação lógica da pesquisa e tem como finalidade expor e demonstrar:

- uma explicação do objeto pesquisado, pois o que era confuso tornou-se evidente, a ambiguidade foi esclarecida, avaliada e compreendida;
- uma discussão, que é o exame dos dados, tendo a função de argumentar a respeito das ideias envolvidas no trabalho;
- uma dedução lógica do trabalho, que implica o exercício do raciocínio, uma correlação ou relação com o tema, os objetivos e as hipóteses.

Dessa forma, torna-se necessária a observação dos aspectos de organização estrutural do texto científico, a fim de que a explicação, a discussão e a demonstração tornem-se lógicas e organizadas (Becker et at., 1992).

A organização do trabalho científico

A organização do corpo do trabalho é realizada por partes. Por isso, a distribuição do conteúdo é feita em capítulos subdivididos em seções e subseções. A introdução e a conclusão tornam-se partes comuns a todos os trabalhos.

No entanto, a determinação dos elementos constituintes de um trabalho científico está atrelada ao conteúdo específico deste.

A identificação de cada uma das partes textuais torna-se conhecida a partir de títulos informativos, sendo adequado antecipar ao leitor uma ideia do que está sendo tratado naquela parte do texto.

Além disso, a fim de que se perceba a posição do título na estrutura do trabalho, utilizam-se os algarismos arábicos.

A conclusão do trabalho científico

A conclusão de um trabalho científico pode ser identificada como um resumo dos argumentos difundidos no transcorrer do trabalho. É o ponto de chegada das deduções e das inferências lógicas que são apresentadas no desenvolvimento, derivando da interpretação dos dados.

Se houver questões que não puderam ser respondidas pela pesquisa ou questões novas que apareceram no decorrer da realização da pesquisa, a conclusão torna-se o espaço ideal para isso. Além do mais, podemos proporcionar sugestões de como futuros estudiosos do assunto poderão enfocá-lo em outras investigações (Becker et at., 1992).

(10.5) Elementos pós-textuais

Encerrando a trabalho científico, não podemos esquecer as referências, parte obrigatória. Já o GLOSSÁRIO, O APÊNDICE e os ANEXOS são opcionais.

- REFERÊNCIAS – Referências, conforme a ABNT, são o conjunto padronizado de elementos descritivos, extraídos de um documento, que permitem a identificação individual deste. Configura-se em uma lista organizada dos documentos realmente utilizados no texto. Deve-se fazer uma lista própria, após a lista de referências, sob o título *obras consultadas*, se houver a presença de outros documentos que não tiverem sido referidos no decorrer do texto (Furasté, 2006, p. 145).
- GLOSSÁRIO – Torna-se necessário quando, no texto, fez-se uso de termos ou expressões que são exclusivas do assunto explorado. Se houver termos pouco usuais, quase desconhecidos, há necessidade de se fazer uma lista dessas palavras e/ou expressões com as respectivas significações ou definições (Furasté, 2006, p. 143).
- APÊNDICE – É um documento, texto, artigo ou outro material qualquer elaborado pelo próprio autor, destinado a complementar as ideias desenvolvidas no decorrer do trabalho. Não é uma parte do trabalho em si, mas um elemento para ilustrar as ideias (Furasté, 2006, p. 141).
- ANEXOS – São suportes disponíveis ao investigador para fundamentar, comprovar, elucidar e ilustrar o texto. Não se trata de informações elaboradas pelo autor, por isso devem ser destacadas a fim de impedir uma ruptura na sequência do texto (Furasté, 2006, p. 141).

(.)
Ponto final

Neste capítulo, vimos o conceito e a estrutura de uma monografia, observando que, como em qualquer texto científico, a precisão e a clareza textual tornam-se fundamentais.

Além das formalidades estruturais e da rigorosa submissão às normas da ABNT, devemos seguir a ordem das partes e os seus respectivos conteúdos para que a operacionalidade e o reconhecimento destes fluam naturalmente durante a leitura. A quebra da expectativa decorrente da não observação estrutural ou normativa pode funcionar como entrave à compreensão. Afinal, a maioria dos leitores de uma monografia já conhece a sua forma e para ela está predisposto. Portanto, não é conveniente criar qualquer tipo de percalço na recepção com o descuido formal decorrente de quebra de expectativa. Do mesmo modo, é recomendável lembrar que nesse tipo de produção textual o domínio do texto dissertativo é premissa básica, uma vez que se trata da forma elementar para a redação monográfica.

Com base em todos os conceitos, as sugestões e as orientações comentados em todos os capítulos ao longo desta obra, procuramos abarcar o conjunto de conhecimentos indispensáveis para a elaboração desta que é a forma mais extensa e complexa da redação acadêmica para um TCC: a monografia. Nela, conjugam-se todos os conhecimentos previamente abordados para garantir a eficácia e coroar de êxito o estudo, a análise e as pesquisas dos acadêmicos.

Indicação cultural

FURASTÉ, P. A. *Normas técnicas para o trabalho científico*: elaboração e formatação. Porto Alegre: Dáctilo Plus, 1994.

Para qualquer trabalho científico, torna-se indispensável a utilização das normas da ABNT. Por isso, não perca tempo, procure conhecê-las. Também sugerimos a leitura completa da obra *Normas técnicas*, para dar maior suporte aos conteúdos enfocados no presente capítulo. Nela, estão enumeradas com riqueza de detalhes todas as exigências formais do órgão que rege toda a normatização de trabalhos acadêmicos, que é a ABNT. O aluno poderá consultar essa obra a cada etapa de seu trabalho, de forma a esclarecer suas dúvidas.

Atividades

1. Assinale a alternativa correta quanto ao objetivo de uma monografia:
    a. Estuda várias obras para elaborar uma recensão.
    b. Estuda vários temas para dar uma visão panorâmica sobre ele.
    c. Explora e aprofunda um único tema.
    d. Apresenta o resumo de várias obras.

2. Assinale a alternativa correta quanto à monografia:
    a. É a modalidade de menor extensão entre as mais frequentes na vida acadêmica.
    b. É um trabalho sobre várias temáticas, exploradas conjuntamente.
    c. É um trabalho similar ao ensaio.
    d. Trabalho sistemático e completo sobre um assunto particular.

3. A monografia também se constitui em:
   a. um trabalho que não precisa estabelecer relações entre as ideias apresentadas.
   b. um trabalho que não necessita ter objetivos.
   c. um trabalho que utiliza, de forma inteligente, as leituras e as experiências para comprovação.
   d. um trabalho que não comunica seus resultados às pessoas.

4. Quanto aos elementos pré-textuais, podemos afirmar que:
   a. a capa é opcional.
   b. a folha de rosto é obrigatória.
   c. a epígrafe é um elemento obrigatório.
   d. o agradecimento é obrigatório.

5. Assinale a alternativa que contém a afirmação verdadeira quanto à introdução de uma monografia:
   a. Deve apenas justificar o assunto, sendo opcional a justificativa.
   b. Sua função exclusiva é delimitar o tema e justificá-lo, sendo opcional a metodologia.
   c. Pode ser entendida como um resumo expandido do conteúdo, com justificativa, contextualização e metodologia adotada.
   d. Tem como função precípua explicar a metodologia adotada.

Referências

ARANHA, A. et al. O que faz um bom professor. *Época*, São Paulo, n. 517, abr. 2008. Disponível em: <http://revistaepoca.globo.com/Revista/Epoca/0,,EDG83057-9306-517-1,00-O+QUE+FAZ+UM+BOM+PROFESSOR.html>. Acesso em: 21 out. 2008.

BAKHTIN, M. *Estética da criação verbal.* São Paulo: M. Fontes, 2000.

BARRETO, C. S. *Relatório do estágio supervisionado I*. Universidade Estadual do Sudoeste da Bahia – UESB. Departamento de Ciências Exadas – DCE. Curso de Licenciatura em Matemática. Vitória da Conquista, jan. 2006. Disponível em: <http://www.uesb.br/professor/claudinei/2005_I_Cristiane.pdf>. Acesso em: 10 dez. 2008.

BECKER, F. et al. *Apresentação de trabalhos escolares*. 12. ed. Porto Alegre: Multilivro, 1992.

BRASIL. Ministério da Educação. Secretaria da Educação Especial. *Educação inclusiva*: a escola. Brasília, 2004. Disponível em: <http://www.dominiopublico.gov.br/download/texto/me000420.pdf>. Acesso em: 10 dez. 2008.

CABRAL anuncia que Rio terá bicicletas públicas. *JB Online*, maio 2008. Disponível em: <http://noticias.terra.com.br/brasil/interna/0,,OI2896799-EI8139,00.html>. Acesso em: 22 out. 2008.

CHARTIER, R. *A aventura do livro*: do leitor ao navegador. São Paulo: Ed. da Unesp, 1999.

CORREA, V. L. et al. *Comunicação e expressão*. Canoas: Ed. da Ulbra, 2008.

COUTINHO, M. A. *Texto(s) e competência textual*. Lisboa: FCT/FCG, 2003.

CUNHA, S. F. da et al. *Tecendo textos*. 2. ed. Canoas: Ed. da Ulbra, 2000.

CURCIO, G. Conforto para dormir bem. *Ana Maria*, São Paulo, n. 556, jul. 2007. Disponível em: <http://mdemulher.abril.com.br/anamaria/indices/edicoes/556/casa/anamariamateria_235179.shtml>. Acesso em: 28 mar. 2008.

DUCROT, O.; TODOROV, T. *Dicionário enciclopédico das ciências da linguagem*. São Paulo: Perspectiva, 1998.

FARACO, C. A.; TEZZA, C.; CASTRO, G. (Org.). *Diálogos com Bakhtin*. Curitiba: Ed. da UFPR, 2001.

FEITOSA, V. C. *Redação de textos científicos*. Campinas: Papirus, 2000.

FREIRE, P. *A importância do ato de ler*. 12. ed. São Paulo: Cortez, 1986.

FURASTÉ, P. A. *Normas técnicas para o trabalho científico*: elaboração e formatação. Porto Alegre: Dáctilo Plus, 2006.

GARCIA, O. M. *Comunicação em prosa moderna*. Rio de Janeiro: Ed. da FGV, 1986.

_____. _____. 26. ed. Rio de Janeiro: Ed. da FGV, 2006.

INTERFILMES.COM. *O bom pastor*. Sinopse. Disponível em: <http://www.interfilmes.com/filme_16832_O.Bom.Pastor-(The.Good.Shepherd).html>. Acesso em: 21 out. 2008.

LAKATOS, E.; MARCONI, M. A. *Metodologia do trabalho científico*. 4. ed. São Paulo: Atlas, 1992.

LIMA, T. L. de. *Manual básico para elaboração de monografias*. Canoas: Ed. da Ulbra, 1999.

LONDRES obriga motoristas a andar a 32 km/h. *G1*. Disponível em: <http://g1.globo.com/Noticias/Carros/0,,MUL472229-9658,00.html>. Acesso em: 13 out. 2008.

LUFT, C. P. *Língua e liberdade*. 8. ed. São Paulo: Ática, 2006.

MAINGUENEAU, D. *Análise de textos de comunicação*. São Paulo: Cortez, 2000.

MARTINS, D. S. *Português instrumental*: de acordo com as atuais normas da ABNT. Porto Alegre: Sagra Luzzatto, 2006.

MARTINS, D. S.; ZILBERKNOP, L. S. *Português instrumental*. 22. ed. Porto Alegre: Sagra Luzzatto, 2002.

MEDEIROS, J. B. *Português instrumental*. 4. ed. São Paulo: Atlas, 2000.

MEURER, J. L.; MOTTA, R. D. (Org.). *Gêneros textuais e práticas discursivas*: subsídios para o ensino da linguagem. Bauru: Edusc, 2002.

MOISÉS, M. *Dicionário de termos literários*. São Paulo: Cultrix, 1974.

MONTENEGRO, P. P. Euclides da Cunha – o ensaísta. *Verbo de Minas*: letras, Juiz de Fora, v. 8, n. 16, p. 155-160, jul./dez. 2009. Disponível em: <http://web2.cesjf.br/sites/cesjf/revistas/verbo_de_minas/edicoes/2010_1/10_PEDROPAULO_VM_1_2010.pdf>. Acesso em: 26 jan. 2012.

MORO, M. M. *A arte de escrever artigos científicos*. 2005. Disponível em: <http://www.inf.ufrgs.br/~mirella/Dicas.html>. Acesso em: 13 out. 2008.

MUTTER, D.; BRAGA, M. A. Resumo e resenha. In: ULBRA (Org.). *Comunicação e expressão*. Curitiba: Ibpex, 2008. p. 129-152.

O BARATO na cozinha. *Revista Galileu*, São Paulo, n. 202, p. 28, maio 2008.

O BRASIL de olho na dengue. *Zero Hora*, Porto Alegre, n. 15550, mar. 2008. Disponível em: <http://zerohora.clicrbs.com.br/zerohora/jsp/default2.jsp?uf=1&local=1&source=a1803967.xml&template=3898.dwt&edition=9520&section=67>. Acesso em: 14 out. 2008.

PÉCORA, A. *Problemas de redação*. 5. ed. São Paulo: M. Fontes, 2002.

PENÉLOPE, não. Charmosa, sim. Elas querem os grandes e robustos. *Zero Hora*, Porto Alegre, n. 15534, mar. 2008. Guia da mulher. Disponível em: <http://zerohora.clicrbs.com.br/zerohora/jsp/default2.jsp?uf=1&local=1&source=a1788543.xml&template=3898.dwt&edition=9426&section=876>. Acesso em: 13 out. 2008.

PEREIRA, V. W.; FLÔRES, O. *O grau dez da leitura*: lendo como escritor, escrevendo como leitor. Porto Alegre: WS, 2000.

POSSENTI, S. *Discurso, estilo e subjetividade*. 2. ed. São Paulo: M. Fontes, 2001.

RESENDE, V. M. *Literatura infantil e juvenil*: vivências de leitura e expressão criadora. Rio de Janeiro: Saraiva, 1993.

SALVADOR, A. D. *Métodos e técnicas de pesquisa bibliográfica*. 11. ed. Porto Alegre: Sulina, 1986.

SAVIOLI, F. P.; FIORIN, J. L. *Lições de texto*: leitura e redação. São Paulo: Ática, 2006.

SEGATTO, C.; MAHMOUD, L. A. Colesterol: o que o médico não lhe diz. *Época*, São Paulo, n. 520, maio 2008.

SEKEFF, G. Ilhas de excelência e o vexame nacional. *Época*, São Paulo, n. 517, p. 78, abr. 2008. Disponível em: <http://revistaepoca.globo.com/Revista/Epoca/0,,EDG83056-9306-517,00-ILHAS+DE+EXCELENCIA+E+O+VEXAME+NACIONAL.html>. Acesso em: 21 out. 2008.

SHEIBEL, M. F.; VAISZ, M. L. *Artigo científico*: percorrendo caminhos para sua elaboração. Canoas: Ed. da Ulbra, 2007.

SILVA, A. B. O que é bushido. *Revista Galileu*, São Paulo, n. 202, p. 35, maio 2008.

SILVA, O. F.; ROSSETTO, M. *Da oralidade à escrita*: uma busca da mediação multicultural e plurilinguística. Canoas: Ed. da Ulbra, 2005.

SIROTSKY, N. *A defesa de liberdade da imprensa no Brasil*. Brasília: Unesco Brasília Office, 2005. Disponível em: <http://www.dominiopublico.gov.br/download/texto/ue000266.pdf>. Acesso em: 13 out. 2008.

TELLES, L. F. *Antes do Baile Verde*. Rio de Janeiro: Rocco, 1999.

TERREMOTO de 4,1 graus atinge litoral do Equador. *EFE*, ago. 2008. Disponível em: <http://br.noticias.yahoo.com/s/28082008/40/saude-terremoto-4-1-graus--atinge-litoral-equador.html>. Acesso em: 22 out. 2008.

TODOROV, T. *Os gêneros do discurso*. São Paulo: Ed. 70, 1980.

TRAUMANN, T. O filtro: as opiniões e análises que importam para entender o Brasil e o mundo. *Época*, São Paulo, n. 522, maio 2008.

ULBRA (Org.). *Instrumentalização científica*. Curitiba: Ibpex, 2007. Caderno universitário.

COSTA VAL, M. G. *Redação e textualidade*. São Paulo: M. Fontes, 2006.

VALIS, J. S. Escritores da liberdade. *Recanto das Letras*, 2007. Disponível em: <http://recantodasletras.uol.com.br/resenhasdefilmes/641978>. Acesso em: 22 out. 2008.

VICTOR, M. Cidade do Rio registra 83.168 casos de dengue. *JB Online*, maio 2008. Disponível em: <http://noticias.terra.com.br/brasil/interna/0,,OI2896899EI715,00-Cidade+do+Rio+registra+casos+de+dengue.html>. Acesso em: 22 out. 2008.

WILDE, O. *A esfinge sem segredo*. abr. 2002. Disponível em: <http://www.dominiopublico.gov.br/download/texto/ph000004.pdf>. Acesso em: 06 jan. 2009.

WIKIPÉDIA. Cinto de segurança. Disponível em: <http://pt.wikipedia.org/wiki/Cinto_de_seguran%C3%A7a>. Acesso em: 11 out. 2008.

Gabarito

Capítulo 1

1. d
2. c
3. b
4. a
5. c

Capítulo 2

1. d
2. a
3. b
4. a
5. d

Capítulo 3

1. b
2. b
3. a
4. d
5. c

Capítulo 4

1. a
2. d
3. c
4. a
5. c

Capítulo 5

1. c
2. b
3. c
4. a
5. b

Capítulo 6

1. a
2. c
3. c
4. c
5. d

Capítulo 7

1. d
2. a
3. d
4. a
5. b

Capítulo 8

1. b
2. a
3. c
4. c
5. d

Capítulo 9

1. a
2. b
3. c
4. d
5. d

Capítulo 10

1. c
2. d
3. c
4. b
5. c

Impressão: BSSCARD
Agosto/2013